Lutos

CIP-BRASIL. CATALOGAÇÃO NA PUBLICAÇÃO
SINDICATO NACIONAL DOS EDITORES DE LIVROS, RJ

L991

Lutos / organização Márcia Noleto , Mariana Magalhães. - 1. ed. - São Paulo : Summus, 2024.
200 p. ; 21 cm.

ISBN 978-65-5549-134-0

1. Morte - Aspectos psicológicos. 2. Luto - Aspectos psicológicos. 3. Perda (Psicologia). I. Noleto, Márcia. II. Magalhães, Mariana.

23-87234 CDD: 155.937
CDU: 159.942:393.7

Meri Gleice Rodrigues de Souza - Bibliotecária - CRB-7/6439

www.summus.com.br

EDITORA AFILIADA

Márcia Noleto
e Mariana Magalhães
(ORGS.)

Lutos

summus
editorial

Editora executiva: **Soraia Bini Cury**
Preparação de texto: **Carlos Silveira Mendes Rosa**
Revisão: **Samara dos Santos Reis**
Capa: **Delfin [Studio DelRey]**
Projeto gráfico e diagramação: **Crayon Editorial**

Summus Editorial
Departamento editorial
Rua Itapicuru, 613 – 7º andar
05006-000 – São Paulo – SP
Fone: (11) 3872-3322
e-mail: summus@summus.com.br

Atendimento ao consumidor
Summus Editorial
Fone: (11) 3865-9890

Vendas por atacado
Fone: (11) 3873-8638
e-mail: vendas@summus.com.br

Impresso no Brasil

Este livro é dedicado a todos os
enlutados e àqueles que eles viram partir.

Sumário

Prefácio

Diferentes pessoas falam de diferentes lutos. Para cada uma, seu luto é único, incomparável, inigualável. A intimidade de uma dor é exposta na medida da possibilidade e do desejo de cada autor, que, em tom coloquial, nos conta o que é viver um luto, o seu luto.

Há pessoas conhecidas pelo público e há aquelas que têm um lugar na privacidade dos seus entes queridos, os quais sabem o que ocorre quando não existe expressão além dos seguros limites da família e dos amigos mais próximos. Ainda assim, não posso dizer que exista comparação possível com qualquer uma das experiências aqui compartilhadas. Psicóloga e professora da Pontifícia Universidade Católica de São Paulo (PUC-SP), trabalho pesquisando sobre luto, assistindo pessoas que o vivem, oferecendo intervenções a organizações, em busca de uma nova possibilidade de dar prosseguimento a projetos após a perda de uma figura-chave nos quadros laborais ou em resposta a uma catástrofe que tenha atingido comunidades. Tenho meus lutos, vividos desde muito pequena, que repercutem em meus significados e escolhas existenciais.

Neste livro encontrei uma voz que perpassa os meandros da ciência e instiga o estudioso a sair dos muros da academia e ouvir, ler, aproximar-se de quem conta sobre seu luto. É preciso chegar bem perto para ouvir e ver, com detida atenção, o que há de único nos relatos. Corrigindo: não são apenas relatos; são biografias em recorte íntimo, vistas pela fenda que a dor do luto abre. Relatos trágicos, pressentidos, não reconhecidos, anunciados, julgados, aceitos, valorizados, ocultos. Tentativas talvez vãs de encontrar palavras, mas aqui estamos diante de relatos escritos com palavras e emoções, lembranças, dúvidas.

Há lutos que carecem de reconhecimento, seja da sociedade que os julga, seja da própria pessoa que os vive: por não engravidar, depois de se valer do que de melhor a moderna ciência da fertilização oferece; por não reencontrar a filha desaparecida sem motivo, sem rastro; pela perda, em dois episódios — aposentadoria e morte —, do animal que lhe era os olhos e a independência; pelo preconceito na interpretação do luto masculino; pelo personagem que cede a vez a uma verdadeira identidade.

Para esses lutos, fica a experiência de busca de empatia, a fim de que possam ser vividos sem que tenham de ser explicados, e de que sejam entendidos como luto. No entanto, não é isso o que se vê. A necessidade de fazer do próprio luto uma causa, mesmo que benéfica para outros em situações semelhantes, é uma constante lembrança de se estar como que à margem da aceitação da sociedade, do fluxo validado.

Há lutos por ideias, por significados: pela pátria, pelo chão que nos acolheu ao nascermos e não mais nos assegura a possibilidade de viver, de permanecer vivos; pelo país que amamos e nos deixa amedrontados, bravos, perplexos, desesperançados; pela figura suprema de significados e respostas, que atende pelo nome de Deus e traz desapontamento em vez de as iluminações conhecidas; pelo ídolo, mais do que pela pessoa, que em vida oferece orgulho e o doce pertencimento a um coletivo e, ao morrer, nos inclui no grupo dos que não têm mais por que vibrar.

Em todos os lutos, a tônica reafirma a definição: nós nos enlutamos por quem amamos ou por algo que amamos. Podem ser pessoas às quais nos vinculamos, como pais, mães, irmãos, amores — quer na primeira fila desse coro, quer nas não tão evidentes, porém compondo o tom com as demais. O "Valdir das orquídeas", sobre quem talvez eu nada saiba além da regularidade da sua presença e da segurança de que ele existe, é para mim, quando dele me percebo saudosa, uma forma de viver um amor, de ter talvez a ilusão de que tudo vai permanecer como está e é. O desconforto da sua morte pontua para mim que não, nada vai permanecer igual.

Tempo Rei, Gil?

Sobre os mais de 700 mil brasileiros mortos pela covid-19, o coletivo ao qual pertencemos mostra ainda mais. Se forem biografias e não apenas números, ecoam também as mortes por violência, seja doméstica, urbana, política, policial, como a vivida por Fernanda Chaves e tantas outras pessoas, anônimas ou não, seja por suicídio, como o vivenciado por José Mauro. É o amor de alguém, é o filho de Lúcia, que não é o filho de Gilberto, nem a filha de Márcia, a de Jovita ou a de Daniel, que sabe que escutar é diferente de ouvir, nem os dez filhos de Mariana. É o amor de Eliane, que não é o amor de Monica. É o amor de Eduardo por si mesmo, o amor de Victor, de Marcus e de Chico pelo Brasil, de Willams pela família, de Leandro por Deus.

Este livro tem a função de amalgamar o todo que se apresenta aqui, composto de pessoas distintas e unas. Não é necessário conhecê-las pessoalmente ou ter testemunhado o luto que vivem. O amálgama está na nossa essência humana, que reconhece amor e perda como duas faces de uma mesma moeda, uma não existindo sem a outra.

Trata-se de um convite à leitura, portanto. Aceitá-lo não exime o leitor da leveza necessária para entender a experiência dos autores. Leveza, sim; porém em paralelo, talvez, com a acidez presente na outra face da moeda. Leia sem se preocupar com a sequência proposta no sumário. Permita-se visitar esses lutos e os seus.

De minha parte, digo (e não é a psicóloga quem diz): seu luto é meu luto!

MARIA HELENA PEREIRA FRANCO
Psicóloga e psicoterapeuta, professora universitária, fundadora da Associação Brasileira Multiprofissional sobre o Luto (ABMLuto) e autora de *O luto no século 21* (Summus Editorial)

Introdução

Reformas internas são difíceis de realizar. São trabalhos árduos que requerem tempo e precisam da anuência pessoal para ser iniciados. E, mesmo que ansiemos lutar com determinados estados de paralisia emocional, ainda que estejamos no ponto de partida para os recomeços — dispostos, porém temporariamente inaptos —, podemos descobrir que não temos recursos para dar os primeiros passos.

Tendemos a buscar incessantemente respostas que expliquem os porquês, como se estes fossem a chave de todas as soluções. Parece que, sem explicações lógicas ou causais, nada faz sentido. Tentamos entender o que estamos sentindo e não conseguimos dar um nome ao nosso mal-estar. Envoltos em uma nuvem de desmotivação e desesperança, identificamo-nos como "despontencializados" para a vida.

É como se nos debatêssemos em areia movediça. Ao mesmo tempo que fazemos um movimento contrário para sair do atoleiro, temos a sensação de que estamos presos e acabamos acreditando que vai ser difícil demais sair dali. Talvez impossível.

Pois é! Do mesmo modo que nos ocupamos da vida, a vida também nos ocupa. Ela nos traz, incansavelmente, novos desafios. Às vezes boas surpresas, às vezes nem tanto. E assim nos arrancam o sentido e o entusiasmo para os nossos projetos pessoais. É disso que desejamos falar aqui. Quando resolvemos elaborar este livro, não queríamos que ele se resumisse ao título. Nossa proposta é muito mais ampla do que apresentar relatos diversos sobre lutos. Queremos, ao contrário do que se possa pensar, falar da potência da vida. Gostaríamos de refletir sobre a lida constante que a vida é.

Muitas perguntas ressoaram durante a elaboração. Como manter viva a chama mesmo em circunstâncias difíceis? Como permanecer fiéis à existência, quando a vida exige mais do que conseguimos suportar? De onde colher forças e atitudes certeiras para enfrentar tragédias e dores absolutamente devastadoras? Até onde, como seres humanos, conseguimos suportar o manejo dos sofrimentos extremos? Como continuar a viver carregando no peito uma dor que com certeza nos acompanhará até o último dia?

Entre tantas dúvidas, foi unânime a certeza de que juntos somos mais fortes; de que se poderia atingir, através da troca de experiências e da escuta atenta das histórias aqui contadas, uma tendência para a reflexão e a reconciliação com o "ser assim" de cada um de nós e com o "isto posto" de cada situação. Os relatos mostram que, sozinhos, temos menos possibilidades de identificar o fio da meada que nos leva ao bem-estar. Já quando compartilhamos, quando nos aproximamos, quando somos empáticos e, por fim, quando nos irmanamos, as chances de amenizarmos o peso da jornada tornam-se mais viáveis.

No fim das contas, mesmo que o que nos tenha acontecido navegue no limiar do surreal, o que gostaríamos de pensar é como prosseguir. Como buscar um gancho que nos religue a uma vida feliz e saudável?

Todos já experimentamos ou experimentaremos sofrimentos diversos ao longo do percurso. Mas por que não pensar que atitudes em prol da aceitação, ainda que gradativas, nos levarão a um lugar seguro? Afinal, o que se deseja é que haja paz nos corações que sofrem.

Com esse objetivo, após encontros e relatos, apresentamos aqui 18 tipos de luto. Muitos outros poderiam ter sido adicionados, o que talvez desse mais abrangência ao tema. Mas, mesmo dedicando anos a tal façanha, seria improvável elaborar um material capaz de esgotar o assunto. Cada perda, cada luto vivido abre caminhos para outras reflexões. A constatação de que este livro poderia conter tantos tópicos mais parece indicar um gesto de empatia por ele — uma vez que ampliaria o olhar para a tão profunda dor do luto —, além de representar um distanciamento das nossas experiências para reconhecer que o padecimento do outro pode ser tão intenso quanto o nosso: é no encontro com as semelhanças que percebemos não estar sozinhos. Além disso, o compartilhamento de tais histórias ajuda a enfrentar os flagelos pessoais.

Se você, ao ler este livro, não encontrar uma narrativa que se encaixe na sua, saiba que ainda assim está representado. Talvez não pela apresentação de um relato com que você se identifique integralmente, mas por compreender que o luto é plural, embora cada vivência seja singular. Luto é dor do amor. Por isso traz em si o aperto no peito, o vazio e a tristeza profunda de ver ficar para trás algo tão importante. Mesmo que vivamos histórias idênticas à primeira vista, nossas experiências nunca serão as mesmas.

Por fim, embora tenha sido organizado por duas psicólogas, este livro não é acadêmico e traz o registro de experiências muito pungentes, mas não saberíamos pensar em estratégias para lidar com elas. Trata-se, então, de um convite para que o leitor amplie seu modo de compreender essas dores dilacerantes e para que aqueles que viveram situações dolorosas de luto encontrem algum tipo de alento.

Boa leitura!

O fio da meada

O que de mim aparece
É o que dentro de mim Deus tece.

Jorge Vercillo e Jota Velloso, "O que eu não conheço"

Como tudo começou

MÁRCIA NOLETO E MARIANA MAGALHÃES

Início de março de 2020. O espetáculo *O fim da psiquiatria — Um stand-up drama* voltava a ser exibido em curta temporada de um mês, após sucesso de público em setembro e outubro do ano anterior. A peça era formada por seis textos de Walter Macedo Filho a respeito das dificuldades atuais do ser humano em sua relação com o meio. Um bate-papo com profissionais de diversas áreas e convidados seguia-se à apresentação. Os temas propostos partiam das cenas da peça.

Estivemos juntas no teatro no dia em que o debate foi realizado com um grupo de mães enlutadas de diferentes partes do Brasil, que falavam das suas experiências.[1] Ali nos demos conta de que éramos duas mulheres que sofriam dores ligadas à maternidade: uma por ter visto uma filha morrer e a outra, que nunca enfrentaria um sofrimento como esse, por não poder gestar um filho, por não ter a chance de experimentar o gozo da maternidade nem de guardar lembranças felizes dessa história.

1 No dia dessa apresentação, Márcia Noleto moderou o debate sobre luto materno e convidou Mariana Magalhães para assistir ao encontro. Durante o bate-papo, Mariana se sentiu tocada subitamente ao acessar suas perdas, assim como Márcia, mãe enlutada que perdeu a filha em um acidente aéreo. Mariana perdeu dez pré-embriões em suas tentativas de engravidar, por ter uma infertilidade sem causa aparente. [N. E.]

Saímos do teatro completamente mobilizadas por aquele bate-papo e, no mesmo dia, trocamos mensagens com a intenção de marcar um encontro para nos ouvirmos e nos acolhermos. Entretanto, o compromisso teve de ser adiado: uma semana depois daquele 9 de março de 2020, o estado do Rio de Janeiro entrou em quarentena por causa da covid-19.

Ficamos praticamente quatro meses sem nos falar, adaptando-nos àquela realidade forçada. Todavia, o impacto com a chegada da doença e o pavor diante de tudo que estava acontecendo no mundo inteiro reforçaram ainda mais os sentimentos que haviam desabrochado em nós durante o evento. Voltamos a fazer contato em julho de 2020. Ainda sensibilizadas com as poucas interações que havíamos tido durante o debate depois da peça, queríamos ampliar a conversa e dar voz às nossas sensações. Então, em um encontro virtual, entre vinhos, choro e amparo mútuo, conhecemos em detalhe a história uma da outra.

Ainda que existam semelhanças em nossas vivências, são lutos bem diferentes. Um deles — o luto materno — é considerado na literatura acadêmica "a maior dor do mundo"; o outro, porém — a perda dos filhos que jamais serão concebidos —, não é sequer reconhecido. Entendemos que não havia como mensurar a dor de um luto, nem definir que tipo de sofrimento pode ser descrito como o mais intenso. Apesar disso, algumas perdas são invalidadas e ignoradas na sociedade.

Naquela conversa, sem perceber, deixamos de falar de nós mesmas para refletir sobre mulheres que viviam experiências como as nossas. Por sermos psicólogas clínicas, acompanhamos pacientes que perdem os filhos e muitas vezes trazem consigo um misto de sentimentos ambivalentes, como raiva e calma, esperança e descrença, amor e ausência de si mesmas. Às vezes, nós terapeutas temos a sensação de que de alguma maneira essas mulheres perdem a noção do tempo e do espaço. Voltam ao consultório toda semana e repetem a mesma história, por anos. Remoem incessantemente cada detalhe; procuram culpados; arrependem-se do que não fizeram; têm dúvidas

— muitas. E elas choram — choros que costumam se transformar em urros e bramidos por ajuda.

Assim como refletimos a respeito das mães enlutadas, refletimos sobre as mulheres que não conseguem gerar filhos. Como qualquer mulher, elas criam inúmeras fantasias com a maternidade, mas não podem realizá-las. Embora nos tenha sido ensinado que somos destinadas ao casamento e à maternidade, hoje podemos escolher se queremos ser mães — já não se trata de uma condição inexorável, uma obrigação moral. Também não dependemos de um enlace matrimonial para viver a maternidade, uma vez que o casamento deixou de ser o único *locus* adequado à procriação, assim como os homens deixaram de ser peças-chave nessa função — os bancos de esperma dão conta do recado, assim como a adoção. No entanto, existe uma série de problemas biológicos que podem inviabilizar o sonho de gestar uma criança, desencadeando a esterilidade e a infertilidade. Em muitos casos, nem mesmo o processo de reprodução assistida resolve o problema. E essa impossibilidade pode, em alguns casos, gerar dor e sofrimento, suscitando baixa autoestima e, quiçá, depressão, sobretudo nas mulheres que desejam ardentemente viver a maternidade gestando um bebê. Sem filhos, experimentam o luto. Tal incapacidade aniquila o desejo de ser mãe. O sonho é barrado, obstruído, vedado. E esses sentimentos não são reconhecidos em grande parte das vezes.

Nessa conversa, nos sentimos amparadas uma pela outra. E percebemos que dividir nossas dores tinha nos alentado.

Diversas vezes topamos com pessoas que vivem momentos radicalmente disruptivos e não conseguimos dimensionar o seu grau de dificuldade para se rearticular com a vida cotidiana. Entre nós, como a troca de experiências havia sido fundamental, decidimos escrever sobre lutos — assim mesmo, no plural. O "s" era significativo, pois nos desencaixaria das nossas vivências. Não se tratava apenas de reunir depoimentos de pessoas que partilhariam experiências de luto. Tratava-se de compreender e apresentar os significados da dor das perdas, estivessem elas relacionadas a pessoas, uma parceria, um sonho, um desejo, um lugar, um sentido.

Fizemos um trabalho de pesquisa. Conversamos com amigos, pedimos sugestões, discutimos temas diversos. Aos poucos, peneiramos com cuidado aqueles que seriam os parceiros no nosso projeto. Entre buscas, recusas e adesões, convidamos pessoas que generosamente abriram o coração, voltaram ao passado, acessaram sua dor e, como nós, se prontificaram a compartilhá-la.

Um de nossos primeiros contatos foi com Maria Lúcia Araújo, mais conhecida por Lucinha Araújo, mãe de Cazuza, um dos maiores compositores da música popular brasileira. Passamos uma tarde em sua casa; ouvimos muitas histórias.

Após a visita, lembramo-nos do psiquiatra germano-americano especializado em luto Erich Lindemann, que, em 1944, cunhou o termo "luto antecipatório" para se referir à experiência vivida pelas esposas dos soldados que iam para o campo de batalha na Segunda Guerra Mundial. Elas apresentavam reações típicas do luto — tristeza, raiva, culpa, saudade — a partir do momento em que, ao se separarem do cônjuge, vislumbravam sua perda iminente, em uma espécie de adaptação e autoproteção para enfrentar uma falecimento bastante provável. É uma espécie de morte anunciada, como foi a vivida por Lucinha ao lado de Cazuza, enquanto sua vida se esvaía aos poucos. Abordar um luto anunciado é entender a experiência de viver a dor da ausência do outro quando ele ainda está vivo.

Lucinha deu novo sentido à sua perda e criou a Sociedade Viva Cazuza, instituição que ampara crianças, jovens e adultos que vivem com HIV, e fez que seu luto virasse luta.

Outro relato materno que nos comoveu foi o de Jovita Belfort, cuja filha Priscila desapareceu e nunca foi encontrada. Ela, assim como Lucinha, também usou da sua experiência e ajudou os que viviam o luto por desaparecimento. Participou da criação da Delegacia de Descoberta de Paradeiros e hoje está na Superintendência de Prevenção e Enfrentamento ao Desaparecimento de Pessoas e Documentação Básica, subordinada à Secretaria Estadual de Desenvolvimento Social e Direitos Humanos do Estado do Rio de Janeiro, além de ter prestado consultoria para a criação da Frente Parlamentar de Pessoas Desaparecidas da Assembleia Legislativa do Rio de Janeiro (Alerj), primeiro comitê de pessoas desaparecidas do Brasil.

Segundo dados do Anuário Brasileiro de Segurança Pública 2023, cerca de 203 pessoas desapareceram por dia no país em 2022, num total anual de 74.061. No luto por desaparecimento, embora os familiares vivenciem uma experiência bastante similar à de um luto por morte, trata-se de uma experiência ambígua, na qual esperança e desespero se entrecruzam. Como não existe um corpo, sobrevive a fé na volta do desaparecido.

Quando o desaparecimento se confirma, a tendência dos familiares é buscar explicações, uma verdadeira saga que, muitas vezes, coloca a vida deles em risco. Muitos se lançam em investigações por conta e recursos próprios, peregrinando por hospitais, delegacias e institutos médico-legais. Eles se veem reféns de um número infinito de possibilidades e incertezas sobre o destino do desaparecido. Será que ainda está vivo? Será que está vagando pelas ruas da cidade? Será que está passando fome? Será que foi sequestrado?

Sem um corpo, a morte não se concretiza. A ausência inexplicável, sem despedida, faz o luto não ter desfecho, deixando parentes e amigos, anos a fio, sofrendo lentamente.

Márcia, Mariana, Lucinha, Jovita. Quatro mulheres assoladas pela perda e pela ausência dos filhos. Mas também tivemos a oportunidade de escutar dois pais cujos filhos faleceram: Daniel Carvalho e Gilberto Gil.

Com Daniel, que perdeu a filha Alice poucos dias após o nascimento, identificamos duas particularidades: o luto neonatal e o luto masculino. Tomado por sua triste experiência, ele criou um projeto para acolher homens enlutados e incentivar o debate sobre o luto do homem. Foi fundamental olhar essa outra realidade, uma vez que um pai enlutado vive uma experiência diferente da de uma mãe enlutada. Ao mesmo tempo, a experiência de Daniel convoca a discussão sobre o luto neonatal e gestacional feminino, que muitas vezes não é reconhecido.

Quando perdem um filho, seja durante a gestação, seja logo após o nascimento do bebê, mães e pais podem sofrer uma dor brutal. Não é somente a criança que morre; morrem também os sonhos, as fantasias, as expectativas e as elaborações idealizadas ao longo da gravidez. No entanto, o luto gestacional ou neonatal, na maioria das vezes, não é validado socialmente. A família que perdeu o bebê, os sonhos, as fantasias, as expectativas e as elaborações sofre também pela ilegitimidade dada à sua perda. A criança que nasce morta ou morre logo após o parto não ganha o *status* de "pessoa". E, quando não se reconhece que morreu uma "pessoa", não se reconhece também a dor daqueles pais: ela é invalidada.

Lamentavelmente, na tentativa de aplacar a dor da mulher que carregou a criança no ventre, os homens acabam silenciando a própria dor. Alguns talvez acreditem que sejam mais fortes do que as mulheres. Já outros pensam que não se pode comparar a sua dor à dor da mãe e, por isso, não dão à sua tristeza o espaço devido. Infelizmente, essa ideia é transmitida aos pais, mesmo que de forma velada. De algum modo seu sofrimento é anulado. A atenção se volta apenas para a mãe que perdeu o filho. Enquanto ela é autorizada a se lançar na tristeza, o pai de voz silenciada assume o papel do solucionador: cuida da certidão de óbito, das burocracias do hospital, de todos os problemas — menos da própria dor.

Já o encontro com Gilberto Gil nos trouxe outro olhar sobre o que se passa na cabeça de quem vê um filho partir. O luto de um futuro perdido... O lamento por aquilo que o filho não viverá. Como foi bonito e tocante conversar com Gil. Com toda a sua delicadeza, ele nos falou da morte do seu filho Pedro e da inversão da ordem num plano existencial.

Para pais e mães, é difícil imaginar que seus descendentes se ausentem da vida antes deles. Toma-se como lógica a ideia de que os mais velhos devam morrer antes dos mais novos. Mas a vida não segue uma lógica. E, ao se perder um filho, perde-se também a chance de ver a construção do futuro dele. Além da dor e das dificuldades para dar continuidade à vida, lidando diariamente com a falta daquele que se foi, ainda é preciso encarar o dissabor de não conhecer a descendência que se poderia formar. Os caminhos escolhidos e os planos concebidos por ele não se concretizarão. Quando um filho morre, levando com ele seu futuro conjecturado, pais e mães sentem saudades do que poderiam ter vivido juntos. O que se eterniza e se mantém são apenas as lembranças do passado.

A morte de Pedro aconteceu em virtude de um acidente — uma tragédia. O luto trágico precipita-se de repente; estremece a alma, faz confusão, arrepia o corpo, traz apagões, levando as lembranças e confundindo o pensar. São momentos assustadores que deixam os pensamentos atônitos e desregulam todos os índices de saúde. Estamos falando de sofrimento atroz, que desmancha a vontade de viver, que gera desespero e pranto por tempos a fio.

Eliane Arenas nos contou sobre viver o seu luto trágico e inesperado. Quando recebeu o convite para participar deste livro, ela pediu para pensar. Logo no dia seguinte, fez contato e nos informou que o depoimento estava pronto. Eliane acessou seus lutos e, de um fôlego só, projetou-os no papel. Talvez tenha sido um processo catártico.

As perdas trágicas costumam causar estragos bem maiores se comparadas com as previsíveis. E a morte por suicídio também é trágica. Segundo dados de 2019 da Organização Mundial da Saúde (OMS), atinge cerca de 700 mil pessoas em todo o planeta — 1% da população mundial.

O paulatino aumento do número de suicídios, em todas as faixas etárias e em escala global, nos faz refletir sobre a dinâmica da condição humana e os fenômenos correntes que nos assombram, como a depressão e o tédio, entre outros. Consequentemente, o imperativo da felicidade acaba exigindo que nos esquivemos da dor e do sofrimento. Somos convocados constantemente a ativar as nossas bases internas em prol do embate sem trégua entre as próprias fragilidades e a busca da felicidade. Ser feliz, ou pelo menos apresentar-se como tal, tornou-se uma regra de convivência. Estamos na era da positividade produtiva.

Ao que parece, ante toda essa positividade, não sabemos mais discernir o que são de fato momentos de alegria nem em que medida eles acobertam aflições e frustrações que podem instaurar sofrimento. No fim das contas, vivemos na era da depressão. E a depressão, em alguns casos, pode trazer à baila justamente o suicídio.

Trata-se de uma violência autoinfligida, assumida por aquele que tem total conhecimento do resultado final: sua morte. Quando o suicídio está relacionado à dor e à desesperança, a pessoa pode entender que assim dará fim ao seu sofrimento. Nesse ato extremo, há uma súplica pela descontinuidade do nexo de viver e uma profunda reflexão sobre os paradoxos da existência humana.

Quando procuramos as pessoas que convidaríamos a falar da sua experiência, constatamos que, por se tratar de luto por suicídio, as recusas se repetiam. Parecia ser uma lembrança e uma situação devastadoras para elas. Foi então que contatamos José Mauro Brant, que perdera o pai por suicídio. Zé, um contador de histórias, aceitou dar o seu depoimento e parecia entusiasmado. Contudo, quando começou a escrever, não conseguia prosseguir. Zé já aceitava melhor o luto do pai, mas não o fato de ele ter consumado o suicídio com arma de fogo. Mas, na forma de um conto, Zé Mauro conseguiu escrever seu relato.

Nos sentimos sufocadas quando lemos os três atos da sua narrativa. A mesma asfixia sentida quando falamos com Fernanda Chaves, a única sobrevivente do ataque a tiros contra a ativista e vereadora Marielle Franco, no qual também morreu o motorista Anderson Gomes, em março de 2018, no Rio de Janeiro. Embora Fernanda não tenha sido atingida por nenhuma bala, sua vida foi estremecida, desestruturada, desestabilizada. Só lhe restava sobreviver àquelas recordações.

É sempre muito doloroso lidar com o falecimento de alguém querido, mas a morte por um ato violento — lamentavelmente tão comum na sociedade brasileira — pode abrir feridas ainda mais profundas. Ela nos deixa atônitos, perplexos diante da circunstância da perda; ela nos revolta e escancara o total desprezo pelos nossos direitos. Em outras ocasiões, permanece oculta entre paredes. Mata-se por dinheiro, por discriminação sexual, por diferença religiosa, por segregação racial. Mata-se por mera discordância, para delimitar o poder, por ódio, por vingança. Mata-se com bala perdida, por misoginia, por irrelevância e para coagir ideias. Tirar uma vida tem-se tornado cada vez mais banal.

Morrem brancos, ricos, pardos, pretos, pobres. Contudo, não há dúvida de que a esmagadora maioria das vítimas de homicídios hediondos no Brasil não é passível de luto: são os miseráveis, os negros, os gays, as lésbicas e as pessoas trans, os moradores de favelas e as mulheres. Nesses casos, a impunidade impera.

O assassinato brutal de Marielle Franco provocou nos brasileiros enorme indignação. Fernanda Chaves perdeu a liberdade e precisou reconstruir a vida num piscar de olhos. Por outro lado, Monica Benicio, mulher de Marielle, ainda teve de enfrentar outro tipo de luto: o do amor.

Foi uma alegria conseguirmos contatar Monica. Quando imaginamos escrever sobre a perda de um amor, imediatamente pensamos nela. Até hoje Monica vive a dor da indignação, da revolta, da injustiça, da violência, do descabido, além da dor da ausência do seu amor.

Quando é a morte que arranca de nós quem amamos, a saudade fica soberana e a lembrança se mostra uma oportunidade de reverência àqueles que nunca morrerão em nós. Vivos, continuam a nos influenciar e nos convidar a envergarmos a dor indomável do esquecimento. Vivos, nos incitam a repensar a vida, as crenças, as certezas. Vivos, nos impulsionam a desvendar o que há de incapturável em nós.

O talho parece ainda maior quando se perde toda uma família. Essa é a história de Willams, que perdeu os parentes um de cada vez. O que lhe restou foram apenas os abrigos, onde permaneceu sozinho, ao lado de tantos outros que também não tinham ninguém. Enquanto ouvíamos seu relato, fomos tomadas por um enorme vazio no peito. Willams não tinha apenas uma história de perda; tinha algumas histórias. Não havia palavras para dizê-las, então só o ouvimos e deixamos que os nossos olhares o acolhessem.

Dados de setembro de 2023 colhidos no *site* do Sistema Nacional de Adoção e Acolhimento[2], vinculado ao Conselho Nacional de Justiça, revelam que naquele momento havia no país 32.593 "crianças acolhidas", das quais 4.443 crianças e adolescentes estavam "aptos para adoção", e 35.542 pretendentes dispostos a adotar uma criança. Esses dados mostram que existe um descompasso. Com tantos pretendentes e com relativamente poucas crianças por adotar, por que existe uma enorme fila de espera? A resposta é cheia de complexidade: depende do perfil dos que esperam uma nova família. Grande parte deles é formada por pré-adolescentes e adolescentes pardos e negros (69% do total), com idade predominante de 10 a 16 anos (62,4%), com um ou mais irmãos (57,87%). Além disso, uma parcela considerável dos adotáveis tem problemas de saúde (19,3%).

Em contrapartida, os pretendentes à adoção aceitam crianças de qualquer etnia (61%), de uma faixa etária bem restrita (até os 6 anos: 80,35%), sem irmãos (61,8%) e saudáveis (62,3%). Assim, a cada dia amplia-se o número de crianças e jovens que esperam pela chegada de quem os perfilhe — uma espera muitas vezes vã.

2 Disponível em: https://tinyurl.com/54szx4cw; acesso em: 9 set. 2023. [N. E.]

Aos 18 anos, Willams teve a felicidade de encontrar uma família que o acolheu. Todavia, ainda sentindo o gosto amargo do luto vivido ao perder a família, inúmeras crianças e adolescentes experimentam o sabor ácido de não saber se um dia serão adotados, aceitos e amados. Além disso, a experiência em um abrigo pode ser traumática.

Ainda há aqueles que perdem família e amigos por não serem aceitos pelo que são. Perde-se tempo; perde-se uma vida inteira sendo negado e desautorizado pelo mundo. Disso trata o relato de Eduardo Medeiros, transexual. Durante anos, ele precisou montar um personagem para suportar uma vida que não queria viver. Até que um dia decidiu assumir a própria existência, mesmo que tivesse de perder certas pessoas.

Assumir a transexualidade é um ato de bravura. Em uma sociedade em que a transfobia impera por ver na cisgeneridade o único caminho possível, a luta pela própria identidade e pelo próprio bem-estar requer muita coragem e é cheia de desafios. "Mas... e se o outro não me aceita?" "E se me olha de lado e se torna o meu principal algoz?"

Quantos sofrimentos, quantos julgamentos, quantos desconfortos a pessoa trans precisa enfrentar para assumir a identidade que é dela de direito? Lutar pela própria felicidade revela uma força incomum. Porém, em alguns casos, é um caminho sobre brasas que abre muitas feridas. Em um país marcado por exclusão, violência, intolerância e discriminação e pela posição de destaque no *ranking* de homicídios de pessoas transgênero, os desafios atravessados por elas são brutais.

Com a leitura dos depoimentos, fomos novamente incentivadas a atentar para outras experiências de luto. Então convidamos Camila Alves para nos contar sobre a morte de Pucca, seu primeiro cão-guia.

Talvez pareça estranho, para alguns, encontrar em um livro sobre lutos um trecho dedicado à perda de um animal. Muito embora não sejam reconhecidos nas relações sociais, os sentimentos causados pela morte de um animal de estimação podem apresentar características semelhantes àquelas do luto decorrente da perda de pessoas significativas. Se não dermos a devida atenção a esse processo, a tristeza pode se estender. Algumas vezes, os animais são até mais importantes que muitas pessoas. Para muitos, são como parte da família. Para outros, ocupam lugares vazios e substituem algumas perdas. Sua função terapêutica é inegável.

Por isso é tão compreensível o luto de Camila, pois, ainda que Pucca já tivesse se aposentado de suas funções de cão-guia, e Astor se tornado "os olhos" de Camila, sua morte representou não apenas a partida de um bichinho querido, como também a despedida de uma companheira de luta.

E, enquanto gestávamos o projeto que resultou neste livro, o número de mortes pela covid-19 aumentava assustadoramente, e o mundo inteiro vivia lutos por pessoas que não haviam sobrevivido à doença. A velocidade com que esse vírus se disseminava era espantosa. Acompanhamos o aumento do número de casos e de mortes, mas também testemunhamos como os países iam encontrando estratégias eficientes para enfrentar a pandemia e controlar o número de infecções e mortes. Aqui no Brasil, todavia, as coisas foram diferentes naquele momento, uma vez que o chefe do Poder Executivo zombava das normas sanitárias, dos mortos, dos familiares e defendia a tese de que a economia não podia parar. Mesmo diante do terror que o mundo inteiro vivia, as mazelas causadas pelo "novo coronavírus" foram definidas por tal governante como uma "gripezinha". Enquanto se empilhavam corpos e escavavam-se milhares de novos túmulos, o chefe do Executivo, que dizia haver uma histeria em torno da doença, incentivava o uso de remédios sem eficácia para o "tratamento precoce" do coronavírus. Não bastasse isso, causou inúmeras aglomerações, incentivou a abertura do comércio, declarou que a contaminação pelo vírus era mais eficaz do que as vacinas, criticou o isolamento social, acusou a imprensa de causar pânico, forneceu dados distorcidos sobre a contaminação e a vacinação e recusou-se a comprar vacinas, em meio a tantas outras atitudes que possibilitaram que o Brasil chegasse a mais de 700 mil mortos pela covid-19.

Mobilizadas pelo que acontecia no país e no mundo, fizemos contato com a médica pneumologista Margareth Dalcolmo, para saber mais a respeito da experiência de quem esteve e continua na linha de frente no tratamento dessa doença. Assim como a dra. Margareth, nós também tínhamos perdido entes queridos para a covid-19 e sabíamos que era provável perdermos outras pessoas próximas ou conhecidas.

A morte de Paulo Gustavo por essa doença gerou uma enorme comoção no país. Como tantos brasileiros, o ator morreu quando as vacinas já estavam no mercado, mas não acessíveis a toda a população. Existem lutos que deixam todo um país consternado, causando reações coletivas e profundas de incredulidade; que nos fazem desmoronar, mudando até a nossa rotina e nos conduzindo a reflexões profundas; que nos deixam em choque e nos levam a chorar as próprias dores.

Pensando nesse tipo de luto, entramos em contato com o fotógrafo Marcus Vinícius Pavan, fã de carteirinha de Ayrton Senna, para que compartilhasse o seu luto pela morte do grande herói brasileiro da Fórmula 1. Senna — que batia no peito inflado sentindo honra da sua nacionalidade e, com humildade, subia no pódio e erguia a bandeira do Brasil — por muito tempo nos encheu de orgulho. Trata-se, portanto, de uma perda que milhões de nós sentimos, lamentando, como Marcus, essa morte trágica.

Assim como uma nação entra em luto por uma pessoa, há quem entre em luto por precisar se afastar da própria pátria. Migrantes, refugiados, exilados... Deslocamentos diversos que marcam a saída de uma pessoa da sua terra natal. Às vezes, essa partida é voluntária; em outras, necessária.

Grande parte dos processos migratórios origina-se de questões econômicas, políticas, legais, religiosas e ambientais. A terra natal, tomada de conjunturas muitas vezes lamentáveis, pode se transformar em ameaça à liberdade, um risco à própria vida ou impor condições desumanas de sobrevivência. Mas, ainda que o deslocamento represente a possibilidade de uma vida mais digna e a perspectiva de continuar uma luta e não padecer, haverá perdas. Existem urgências que exigem mudanças, e render-se ao luto por deixar o próprio país é melhor que morrer nele.

Na migração, as referências conhecidas e a cultura ficam para trás, embora sejam elas que nos deem sustentação e nos tornem pertencentes ao meio social. Para ajustar-se ao novo é preciso se transmudar: conhecer a nova cultura e a nova língua. E também será fundamental procurar apoio social, apesar de nada disso garantir o sucesso da estruturação do novo local e da inserção nele.

Quem nos contou sua saga de deixar o próprio país foi Victor Meneses. Vindo da Venezuela, ele buscou no Brasil uma oportunidade de viver uma existência mais digna. Tinha esperança. Entretanto, existem momentos em que a esperança se esgota e até as súplicas por um amparo divino deixam de ter lugar.

Parece que nós, humanos, em contato constante com o desamparo e a finitude, ficamos sedentos da construção de uma ideia que nos una ao Absoluto. Mas cada um a seu modo elege, escolhe ou refuta o grau de vinculação ou desvinculação com o que podemos chamar de suprassensível. Será que, em busca de algo que nos remeta à imortalidade, nos proteja e nos dê sentido à existência, acabamos por inventar o que chamamos de Deus?

Talvez tenhamos uma resposta: o que nos liga ao que aqui denominamos Deus é a procura de sentido. Necessitamos um sentido que amenize as vicissitudes da vida e o tremor diante da impermanência. Contudo, em algumas circunstâncias, pode surgir um deus referencial objetificado em um discurso religioso que inocula em nós a impossibilidade de uma relação mais nobre e fidedigna com a vida — um discurso que venha a nos reprimir e invalidar os prazeres e os riscos que podemos correr para que a existência fique mais colorida e extasiante. No contexto dessas questões, entramos em contato com Leandro Frederico Marques, à época pastor da Igreja Presbiteriana Betânia Litorânea, no município de Niterói, cujos dogmas ele contrariava em muitas das suas pregações. Apesar disso, permanecia lá, fazendo o seu trabalho e propagando o amor. Soubemos depois que, no mesmo dia em que o convidamos para que desse o seu depoimento sobre o luto de Deus, coincidentemente ele deixou a igreja. Ocorrências místicas que não conseguimos explicar...

Aos poucos fomos dando corpo ao nosso projeto. E, vivendo em tempos sombrios, entendemos que havia outro luto que precisava fazer parte deste livro. O luto político. Mas por quem nos enlutamos quando falamos de luto político?

Enlutamo-nos pelas prostitutas, pelos negros, pelos indígenas, pelos moradores de rua e de comunidades, pelo grupo LGBTQIA+, pelos desempregados, pelos idosos, que se tornam supérfluos para a produção, pelas religiões afro-brasileiras e por todas aquelas que sofrem discriminação, pela Amazônia, pelos que morrem de bala perdida, pelas vítimas do feminicídio, pelas crianças abusadas, pelos quilombolas, pelos mortos pela covid-19 e seus familiares, pelas pessoas com deficiência, pelos infelizes dependentes químicos, nos quais tropeçamos nas esquinas e nos becos como se fossem pedras em nosso caminho. Uma lista que não se esgota.

Nos quatro anos em que o ex-presidente Jair Bolsonaro esteve no poder, o Brasil virou o país da chacota. Perdemos a excelência das relações institucionais e internacionais que conquistáramos com outras nações. Aterroriza-nos constatar que nesse período a nossa vida esteve à mercê de um governo autoritário, que traçou o nosso destino, o nosso viver e o nosso morrer à nossa revelia.

A despeito das divergências de opinião que temos sobre a melhor maneira de conduzir um país, parece possível identificar por que a indignação diante dos absurdos que defrontamos ainda não seja comum a todos. Nesse sentido, morre a ideia de democracia. Se os juízos são tão díspares, torna-se cada vez mais distante a concepção de uma pátria una. Em consequência, ficamos órfãos, desterrados.

Foi para discorrer sobre o luto político que convidamos o deputado federal Chico Alencar. Ele aceitou participar do projeto na mesma hora. Seu depoimento contém ressonâncias. Ouvimos a nossa voz e a voz de um povo que sofreu com o circo de horrores que vivemos com o desgoverno em nosso país.

Passemos, então, aos relatos dos lutos compartilhados conosco. Histórias doídas, comoventes e impactantes, que transformaram a nossa vida e, sem dúvida, transformarão a dos leitores.

[]

O luto pela covid-19

Falta de ar nos gemidos dos ais
A febre, seus fantasmas, seus terrores
Sem pressa, passo a passo, mais e mais
A besta avança pelos corredores
O médico caminha com cautela
Estuda as artimanhas do inimigo
A enfermeira brava vence o medo
Pouco lhe importa a extensão do perigo.

Chico Buarque, Gilberto Gil e Ruy Guerra, "Sob pressão"

Um luto pressentido

MARGARETH PRETTI DALCOLMO

Gosto de flores. Cuido das orquídeas do jardim do meu prédio. É mais que lúdico: é terapêutico. Até antes da pandemia, fazia isso quase todos os domingos. Minha casa sempre tem flores, e eu sempre gostei muito das orquídeas. Eu as comprava de um vendedor de rua que ficava na rua Lopes Quintas, no Jardim Botânico. Há alguns dias fiquei sabendo que o "Valdir das orquídeas" havia morrido de covid-19. Eu o chamava assim porque ele achava graça, mas seu nome era Calil Vieira do Amaral. Avisaram-me que as orquídeas que sobraram não seriam vendidas nem levadas por ninguém. Seriam todas amarradas em uma árvore próxima de onde ele vendia suas flores. Havia anos eu comprava com ele. Não sei como vou passar mais por aquele lugar. Não sei onde nem como ele morreu, se foi bem tratado, nem quem é a família dele. Mas sei que fiquei muito, muito abalada e triste por um homem bom neste mundo e pelo que essa morte resgata da dor de tantas outras.

A covid-19 é mesmo um fenômeno demarcador da nossa vida, em diferentes gerações. Tenho dito que a vida pode ser dividida em a.C. e d.C.: antes da covid e depois da covid. Não tenho dúvida disso, pois acredito que, em todos os sentidos, muita coisa vai mudar — e espero que com um olhar mais generoso de uns para com os outros, inclusive nos preparando para futuras epidemias, que sabemos que virão, mas só não podemos precisar quando. A ciência, por exemplo, dará um salto. É inevitável que isso aconteça pelo tamanho do desafio de lidar com essa doença, com as descobertas e as inovações que já se alcançaram. Como essa não será nossa última epidemia, outras virão. Talvez até mesmo a minha geração, que tem entre 60 e 70 anos, ainda veja acontecer outra epidemia. Sabemos que o ser humano, como animal predador, tem tratado muito mal o planeta, ainda que seja capaz de feitos extraordinários, como se vê agora, com a criação de diferentes modelos de vacinas testadas e aprovadas em menos de um ano. Por isso, há um salto necessário e irrefutável que a ciência terá de dar. Mas saber disso não aplaca nem diminui o tamanho do luto que estamos vivendo, sobretudo no Brasil.

Todos perdemos alguém, perto de nós ou personagens empaticamente próximos, como o Paulo Gustavo, o querido ator morto pela doença. Perdi colegas de turma, perdi pacientes e amigos. Quase perdi uma irmã. Ela teve a forma mais grave da covid-19, precisou ser internada na segunda semana e ficou em centro de terapia intensiva (CTI). Está bem agora, em casa, mas ainda em reabilitação pulmonar. Para mim foi bem difícil, pela força da nossa relação e principalmente pelo fato de ser médica. A vivência da doença causa tanto medo e tanta angústia que gera uma sensação de luto anunciado em nós mesmos.

Passei por isso quando fiquei doente, no pico epidêmico do ano passado[1]. Acordava de madrugada, colocava o oxímetro e verificava que a falta de ar ainda não tinha chegado. Ainda... Passada a primeira semana, quando se entra na fase inflamatória e é mais frequente a piora, aumenta a angústia. Mas, como sou médica pneumologista, já tinha tratado muita gente — e depois ainda tratei mais de uma centena de pessoas! Mas a experiência da covid-19 é única. O novo, o desconhecido, nesse caso, não é uma aventura cheia de emoções positivas.

1 2020. [N. E.]

Hoje sabemos que a doença deixa sequelas de diferentes naturezas. Acabei ficando com uma neuropatia periférica e até hoje tenho leve dormência nas mãos. A plasticidade humana ajuda a sublimar, especialmente ante tantas condições graves. Naquela ocasião, eu precisava acabar de escrever um capítulo para um livro organizado por José Roberto de Castro Neves: *O mundo pós-pandemia*. Atrasaram a entrega para a editora, e Castro Neves, com enorme gentileza, aguardou que eu entregasse meu capítulo sobre "Um novo humanismo na medicina". Assim, mesmo com o conhecido cansaço da doença e com os dedos dormentes, consegui acabar o capítulo, entregá-lo e, ainda, escrever as colunas para o blogue "A Hora da Ciência", do jornal *O Globo*.

Não me lembro de ter sido tão eficiente em nenhum outro momento da minha vida. Nunca tinha me sentido tão fraca e doente, mas me vi tomando providências como se eu realmente estivesse em uma situação-limite. Eu prenunciei a situação-limite. Não cheguei a fazer um testamento, mas fiz uma procuração para uma irmã e notas deixando alguns dos meus desejos expressos. Disse que, sobretudo, não gostaria de deixar tarefas para o meu marido, que é um homem mais velho e intelectual, avesso a essas coisas, e por certo sofreria muito sem o meu lado prático presente, que resolve tudo. Assim sendo, organizei bastante as coisas.

Ao longo deste mais de um ano de pandemia, já tratei muita gente de covid-19. Como disse, já havia tratado dezenas de pessoas quando adoeci. Essa vivência, somada à racionalidade que me move o tempo todo, me levou a uma eficiência quase obsessiva, pensando em coisas que eu tinha de fazer, dando ordens, instruções... Disse tudo o que queria que fosse feito caso eu morresse. Expressei, escrevendo, o destino que deveria ser dado aos meus objetos. Estava tudo anotadinho. Minhas irmãs ficaram nervosas com isso e, em um primeiro momento, relutaram em atender a meu pedido. Porém, argumentei com elas que, se eu fosse para o hospital e caso fosse intubada, eu talvez não tivesse sucesso ou saísse viva dali. Tantas pessoas não saem...

Pensei em tanta coisa... O turbilhão da memória, do vivido e do que poderia ter sido é um filme intenso, longo, sem interrupções! Depois, quando fui melhorando, minha irmã disse: "Eu vou jogar essa procuração fora!" E eu respondi: "*Just in case*, deixa isso aí!" Mais ou menos algo como: "Se eu morrer, quero isso, isso e isso".

A covid-19 traz à tona todos os lutos anteriores. O recuo dos dias não atenua o luto. E minha família tinha atravessado dificuldades um pouco antes da pandemia. Minha mãe havia morrido fazia pouco tempo. Ela era muito importante em nossa vida. Foi uma pessoa extraordinária e supercúmplice das filhas. Minha família é de mulheres, um verdadeiro matriarcado! Temos pouquíssimos homens na família; quase só nasceram mulheres. E estas foram criadas para ser fortes, saber fazer de tudo, saber se virar na vida. Minha avó paterna ficara viúva cedo e criou e educou os oito filhos. Meu pai viveu a vida cercado de mulheres. Ele morreu seis anos antes de minha mãe. Não tinha doenças graves, mas um câncer rápido demais o levou. Sem estrépito, como vivera. Um homem generoso, que respeitava o trabalho como princípio e nos transmitiu o mesmo em nossa educação.

Então, em 2019, minha mãe, que havia sido tão bem cuidada por ele e depois por minhas irmãs, faleceu, também rápido, após uma cirurgia por fratura de fêmur. Já sentíamos nela, nos últimos tempos, uma perda de elã vital. Dizia-se cansada. Sentia bastante a falta de meu pai. Eu gostaria imensamente de ter-me despedido melhor dela, e sinto um luto muito mais permanente porque não o fiz. Aquela franqueza que várias vezes permeia a finitude, com empatia e doçura, eu não pude ter com minha mãe. Gostávamos muito de conversar uma com a outra, e ela se interessava por tudo que eu fazia. Seu corpo cansado e dolorido e seu olhar confiante entrando na cirurgia prenunciavam o fim. Foi demasiado rápido. Ao voltar para casa, após o enterro, fui reler Simone de Beauvoir em *Uma morte muito suave*, no qual conta seus momentos no hospital, por duas semanas, com sua mãe, que também faleceu após uma fratura de fêmur. Minha leitura foi como uma busca de entendimento e consolo. Tínhamos vivido outro luto recente na família. Perdêramos meu cunhado, casado com minha irmã mais nova. Tudo isso foi muito próximo. Nós dois éramos bons amigos. Advogado, marido e pai querido, faleceu sete meses antes de minha mãe. Foi bem difícil. Não por acaso, filhas, irmãs e amigos se solidarizaram. Todas essas vivências ressurgiram de certa forma com a covid-19. Sabemos quanto uma morte traz todas as outras mortes de volta, inapelavelmente, como uma dor de perda emula as outras.

Perguntamo-nos: "Estes são dias de morrer?" — como se houvesse dias de viver. Morrer é parte natural da vida, porque esta é finita. Somos programados para morrer, mas temos o direito de não morrer antes do tempo e de morrer com dignidade. Assim nos diz, entre outros, a escritora Elisabeth Kübler-Ross, a propósito das doenças em geral.

Tudo isso tem sido para nós, sobretudo para os médicos, bastante intenso. São muitas mortes, muitos atestados de óbito, muitas famílias enlutadas, muitos medos, muitas demandas. Felizmente, muitas altas e sorrisos de vitória nos dão alento e estímulo. E, ainda que diversos pacientes não tenham falecido, vários passaram pela angústia dessa situação-limite. Tratei um bom número deles que não foram internados, nem mesmo intubados. Mas, no momento em que se entra no hospital e aquela porta das alas de covid-19 se fecha, você nunca mais vê ninguém. Os pacientes enxergam apenas os nossos olhos, porque estamos completamente cobertos, apenas com os olhos intensos e atentos. Nosso olhar é o companheiro de todos, até o fim. E naquele momento não é mais possível estar com ninguém que faça parte dos seus amores e afetos. Os pacientes só têm a companhia dos médicos e dos profissionais que os assistem. Cada vez mais se observa as equipes desenvolvendo técnicas de interação afetiva e cognitiva com os pacientes.

E nós ajudamos muita gente... Tivemos experiências extraordinárias com pacientes que pediram coisas específicas nas quais pudemos ajudar. Todos ajudamos dezenas de pacientes! "Doutora, eu quero formalizar a minha união estável." "Eu quero deixar a minha companheira protegida." Eles queriam mandar recados, fazer seu testamento. Ajudamos. Há cartórios que funcionam aos sábados e domingos, permitindo processar o necessário, com a papelada solicitada e levada para os pacientes que estavam na área de tratamento da covid-19. Muitas dessas pessoas ficaram boas. Porém, não há como saber o que vai acontecer. Quando aquela porta é fechada, vem uma avalanche de dúvidas e inseguranças, com as quais você passa a viver. E, enquanto esses pacientes estão lúcidos, eles querem muitas vezes fazer coisas, tomar providências, entendendo com plena consciência que podem morrer. É impressionante como a consciência fica aguçada. É o quase luto. É o semiluto, como se existisse. É o luto anunciado. Por isso, eu chamaria o luto da covid-19 de luto pressentido, porque, por mais que haja esforços, que você seja bem atendido e tratado, existe objetivamente uma chance de morrer. O luto pressentido é real e palpável, chegando quase a ganhar uma materialidade específica na doença. Quando um paciente, com base em seu estado de saúde, diz o que deseja que seja feito, ele já está vivendo a possibilidade da própria morte. E aqueles que são objeto de preocupação dessa pessoa também vivem esse luto antecipatório.

A covid-19 criou uma biunivocidade de lutos. Partilha compulsória de expectativas, o oposto da perplexidade. Faz-me lembrar do grande escritor Georges Bernanos, que, em conversa com uma freira, disse: "Não morremos apenas cada um por si, mas uns por outros, e algumas vezes uns em lugar de outros".

Falando como médica, diante de uma situação tão nova e tão ameaçadora, nós também nos sentimos enlutados. Nunca houve um discurso harmônico, homogêneo e sereno entre o que nós da ciência dizemos e o que a política diz. Esse paradoxo e essa dicotomia fizeram muito mal ao Brasil. Criaram outro tipo de luto. A iconografia do sofrimento é de linhagem antiga, segundo Susan Sontag.

Quando dissemos que a epidemia seria dura, e era possível prever, teria sido necessário que todos obedecessem às normas sanitárias de forma rígida! Mas, então, alguém diz que não é nada disso, que é uma bobagem, que não morrerão muitas pessoas, que usar máscara não é importante, que não é necessário o distanciamento físico e social. Esse paradoxo permanente criou, e ainda cria, uma tensão que por si só já contribuiu para que muita gente morresse desnecessariamente. Criou-se uma tensão mórbida demais — e não foi por nós da saúde! Essa tensão foi alimentada porque se politizou, de maneira equivocada, algo que deveria ter sido tratado com o máximo de racionalidade, agilidade, eficiência e humanidade. E não foi assim.

Em um programa de televisão, fui vista como muito dura ao afirmar que as estatísticas apresentadas eram naquele momento incapazes de mostrar a realidade. Em um momento de pico epidêmico, eu disse acreditar mais em cova aberta e enterros do que em outra coisa. A metáfora falava por si só. Quando o Amazonas teve o primeiro pico, no final de abril do ano passado, eu ainda não tinha adoecido. Lembro-me de que, na época, o governador do estado, muito gentil, me ligou. Naquela ligação, eu reiterei minha crença. Eles estavam abrindo uma quantidade grande demais de covas. Eu disse a ele que acreditava na força da epidemia pelo número de covas abertas. Quem enterrava 30 pessoas por dia e está enterrando 160 precisaria olhar com olhos de ver o que estava acontecendo. Não havia nenhum outro vírus epidêmico naquele momento. Assim, o motivo das mortes era o Sars-CoV-2. Esse é apenas um exemplo. Os números ainda eram meio confusos antes de o consórcio de veículos de imprensa gerar as estatísticas. Tais dissensões entre o que nós da saúde e da ciência dizíamos e as evidências fizeram bastante mal ao Brasil e, certamente, contribuíram para o número de mortes.

Existiram ainda outros equívocos. No começo da pandemia se disse que as pessoas não deveriam procurar assistência médica, a não ser que estivessem em situação grave. Foi um erro. Por causa disso, muita gente morreu em casa, sem assistência médica. A própria Organização Mundial da Saúde (OMS) errou. Depois de quase um ano e meio atravessando essa situação tão inusitada para nós, ainda vivemos como se estivéssemos em um exame de eletrocardiograma, com altos e baixos de tensão, diante de coisas que ainda nos são novas. Neste momento, já temos mais de 500 mil mortes causadas pela covid-19 em nosso país, a gerar esse luto profundo, indelével em nossa vida. Muito provavelmente, um terço dessas mortes poderia ter sido evitado se esses paradoxos não tivessem acontecido, se os tivéssemos conduzido com racionalidade, se nos tivéssemos comunicado melhor com a população, se não tivéssemos gastado tanto tempo e recursos com tratamentos que sem demora demonstraram ser ineficazes e se a vacinação tivesse começado mais cedo, como desejável.

Por isso, dizemos que ter uma barreira física no rosto, usar máscara, é um gesto de amor por aqueles de quem você gosta, pelos mais velhos e pela sua família, uma vez que, além de proteger os outros, protegemos a nós mesmos. Entretanto, em um país tão desigual, onde as pessoas não têm o mesmo senso crítico, a mesma consciência cívica ou a capacidade de discernir o certo e o errado, quando vem alguém e diz que a máscara não é necessária, cria-se a tensão à qual me referi — uma tensão deseducadora e mórbida, que faz mal não apenas ao país e aprofunda nosso luto, como também a cada indivíduo e à coletividade.

Ao longo dos últimos meses, perdi dois colegas de turma da escola médica, mortos pela doença. Não os via fazia muito tempo, e isso importa pouco, porquanto esse tempo se reaviva na memória, trazendo vivos os bons anos da graduação, nossos planos, nossas convicções. Também morreu, há poucas semanas, mais um acadêmico de quem eu gostava bastante: Alfredo Bosi, confrade do meu marido[2] na

2 Candido Mendes de Almeida, marido de Margareth Dalcolmo, faleceu em fevereiro de 2022, de morte súbita, sem relação com a covid-19.

Academia Brasileira de Letras (ABL). Além dele, dois dias depois, recebemos a notícia de que Luiz Antônio Souza, bibliotecário da ABL, também havia morrido de covid-19. O Luiz me ajudou muito em pesquisas que precisei fazer, quando dei uma conferência na Academia. Ele foi uma das pessoas mais eficientes e doces que eu conheci. Tinha prazer em ajudar, tinha orgulho de conhecer a obra de todos os acadêmicos e de estar inteirado do que havia em cada prateleira. Não conheço sua família, não tive a quem me dirigir. Só pudemos mandar uma cartinha para que a ABL a fizesse chegar à família dele. Seguiu-se a essas mortes a do "Valdir das orquídeas".

Tais mortes, todas, umas resgatando as outras, nos machucam e nos fortalecem em uma ambiguidade curiosa. Não nos abalam. A covid-19 faz um liame de luto que é novo para nós. Não precisamos conhecer a família dessas pessoas para nos sentirmos enlutados. Talvez você diga: "Mas você nem sabe quem são essas pessoas". Eu vou dizer: "Sei sim!" Quantas vezes passei pela barraca do Valdir de carro, indo visitar um paciente ou comprar uma flor para presentear alguém, e ele dizia: "Tem as duplas que a senhora gosta, doutora!" E eu respondia: "Valdir, estou sem dinheiro vivo". E ele retrucava: "Imagina!" Então, botava as flores dentro do carro pela janela e fazia um sinal de positivo. No outro dia, eu passava para pagar e levava outras. Muitas vezes ganhava uma violeta. Foram anos fazendo isso. Eu me pergunto: como vai ser quando eu passar na Lopes Quintas e não tiver mais o "Valdir das orquídeas"? Não preciso conhecer a família dele, não sei se ele tinha filhos, não sei se era casado. Não sei nada disso. E não preciso saber. Sei que é ruim. O contrário do bom. Ruptura irrevogável de hábitos que são tão nossos.

A covid-19 é, assim, uma nova forma de sofrimento da contemporaneidade?

Ela nos traz essa tessitura do encontro e nos remete a tantas leituras e registros da nossa memória, desde as mais remotas, como as casas lacradas com cruzes amarelas na grande peste negra (*Deca-*

merão, Boccaccio), até as mais recentes: das portas se fechando nos isolamentos pela covid-19 e a nossa vivência médica, no contato com aqueles que passaram e passam pela doença nesse isolamento radical — o novo cerimonial de pouco contato humano... Mesmo nos hospitais, o símbolo forte dos novos hábitos, dentre os quais a máscara.

Quantos objetos ao longo de um ano representaram a agudeza desse momento para o corpo humano: um respirador no início, recentemente um cilindro de oxigênio e sempre, a permear todos os nossos dias, a máscara (e seu impacto epidemiológico), como o contrário de um baile de máscaras ou de um carnaval em Veneza, em que apenas o furtivo tem vigência; modelos exóticos travestindo personas em busca de novo significado. A máscara revela nossos olhos, tanto com a incontida alegria de um reencontro quanto com o luto, esse que pressentimos.

[]

O luto materno

De repente, do riso fez-se o pranto. [...]
De repente, não mais que de repente

Vinicius de Moraes, "Soneto de separação"

A menina ainda dança

MÁRCIA NOLETO

Já perdi a conta do número de vezes que contei esta história. E, mesmo assim, cada vez que o faço tenho a sensação de que estou revirando um baú que não quero remexer. Parece uma estaca no peito: afiada, certeira e mortal. A impressão que carrego é a de que me lançaram uma flecha com cicuta na ponta. Um veneno que mata aos poucos. Sem antídoto, a poção se embrenha pelas veias, intoxicando o sangue. E, assim, circula por todo o corpo, apossando-se das entranhas e se instalando sem pedir licença.

Assim é a dor de perder um filho. Uma dor que nos invade, nos dilacera e, infelizmente, fica para sempre. Parece que vai minando nossas forças. É preciso vigiar. Depois de anos e anos recontando, ruminando, repetindo e, sobretudo, ouvindo outras mães que também perderam filhos, entendi que essa dor se demora, embora sua intensidade vá diminuindo aos poucos, ao longo dos anos. Por isso, em vez de lutar querendo extirpá-la, tive que aprender a conviver com ela. Estou falando, mais precisamente, da dor da saudade — palavra sem tradução, cantada em todas as línguas, mas indecifrável para aquele que a sente.

Foi no dia 17 de junho de 2011 que recebi um telefonema de Sérgio Cabral Filho, governador do estado do Rio de Janeiro na ocasão, me dizendo que o helicóptero modelo Esquilo que seguia para Trancoso, levando minha filha Mariana e mais seis pessoas, tinha caído nas águas da praia de Ponta de Itapororoca, em Porto Seguro, litoral da Bahia. Naquele momento, não entendi a dimensão nem a gravidade do que estava acontecendo. Fiquei atônita e prontamente retruquei: "Eu já tinha dito que não queria minha filha andando de helicóptero!" E era a mais pura verdade. Eu tinha avisado. Eu tinha pedido. Mas, infelizmente, minhas observações nunca foram levadas em conta. Uma espécie de premonição havia me rondado meses antes, em sonhos e intuições. E, naquele momento, se concretizaram.

Mariana tinha ido passar o fim de semana com o namorado, Marco Antônio Cabral, em um passeio sem volta. Eu não sabia dos detalhes. Não sabia quem estava no grupo, tampouco poderia imaginar que esse terrível acidente revelaria as inúmeras relações institucionais escusas que viriam à tona, anos depois, através da operação Lava-Jato. Meu contato com o governador era mínimo. Para mim, ele era apenas o pai do namorado da minha filha. Eles estavam juntos havia sete anos.

Hoje tenho certeza absoluta de que esse foi o pior dia da minha vida. O dia em que o roteiro divino estava sendo reescrito. Perdi uma das coisas mais preciosas para mim — felizmente, tenho meu marido e meu filho a meu lado. Mas perdi a minha menina. E, junto com ela, tudo o que eu acreditava e concebia como seguro e relevante. A sensação que carreguei, durante anos, foi a de estar condenada a ser uma pessoa dividida. Dividida entre o céu e a terra, entre a alegria e a tristeza, entre o passado e o presente. E essa sensação me perseguia a cada sorriso culpado que saía de mim sem querer.

De repente... não mais que de repente. Tudo mudou. Começaram as incessantes chamadas telefônicas de jornalistas. Interpelavam vizinhos, porteiros, rondavam a casa querendo dados para escrever mais uma história. E eu não conseguia reagir. Eu andava pela casa, e assim fiz por longos dias. Acordada, anestesiada e muda.

Era pela imprensa que eu tinha notícias mais precisas. Ligava a televisão e via cenas surreais dos destroços da aeronave aparecendo na praia de Itapororoca. Depoimentos de pescadores falavam de um vultoso clarão de luz que aparecera no céu, seguido de uma forte explosão. Falavam também de uma sobrevivente que tinha sido encontrada ainda com vida. E eu pensava: é ela, é minha filha. Mas, logo em seguida, uma tatuagem identificada no braço da tal moça roubava de mim a esperança de ter minha filha de volta.

As buscas no mar mobilizaram militares da Marinha, equipes do Corpo de Bombeiros, helicópteros da Força Aérea Brasileira e voluntários da comunidade local. As notícias do *Jornal Nacional* diziam que Mariana estava desaparecida no fundo do mar. E eu afirmava que ela ia aparecer. Senti medo de não encontrá-la, de não poder enterrá-la. Mas a misericórdia de Iemanjá foi maior. Na madrugada do dia 20 de junho, ela foi encontrada boiando no mar.

Segundo a Agência Nacional de Aviação Civil (Anac), o piloto estava com a licença vencida e não tinha habilitação para voar à noite. Uma história confusa indicava a existência de um segundo piloto, que emprestara para aquele o número do seu brevê. Daí por diante, tomada pela indignação, fui a inúmeras reuniões na Anac, acompanhada dos familiares das outras vítimas, tentando punir, sem êxito, o segundo piloto e buscando explicações sobre o caos que é o sistema aéreo brasileiro. Após o Centro de Investigação e Prevenção de Acidentes Aeronáuticos (Cenipa) emitir um documento responsabilizando o piloto Marcelo Mattoso pelo acidente, foi aberta uma ação de responsabilidade civil, no Tribunal de Justiça do Rio de Janeiro, junto com a dos familiares das outras vítimas. Identificou-se que o acidente ocorrera por irresponsabilidade humana, não por problemas técnicos na aeronave. Esse processo já se estende há dez anos, sem sequer haver uma sentença.

Hoje, tenho certeza absoluta de que, pela Justiça brasileira, nada se resolverá. Nenhum tipo de reparação será feito nem para mim nem para as outras famílias envolvidas[1]. Ao mesmo tempo, sei que não existe reparação possível em um caso como esse. Minha Mariana nunca mais estará a meu lado com sua alegria de viver.

Foi após uma tensa reunião na Anac que resolvi ir por outro caminho. Um ano após o acidente, reuni um grupo significativo de mães enlutadas em torno de um projeto chamado Grupo Mães Semnome — Semnome, pois a história não conseguiu dar um nome para a dor da perda de um filho. Temos a viúva e o viúvo, a órfã e o órfão, mas não temos uma denominação no dicionário para mãe que perde filho. Não há nome para essa dor. Quando cunhei essa marca, não imaginei que ela se tornaria um adjetivo e apareceria mais adiante como referência em textos sobre perdas.

Em 2016, o grupo virava instituto. Quarenta alunos do Departamento de Direito da Fundação Getúlio Vargas, ao lado da apoiadora e novelista Glória Perez, formalizavam seu estatuto e nos ajudaram a escrever a *Cartilha Jurídica do Luto*, livro constituído a partir das experiências das próprias mães. Nele, em linguagem simples e direta, fez-se um mapeamento das principais dúvidas e orientações práticas sobre casos de falecimento e desaparecimento, questões funerárias, patrimoniais e sucessórias. Para minha surpresa, após uma reportagem no programa *Fantástico*, o Instituto atingiu mais de 22.600 curtidas no Facebook. A partir daí, mulheres de vários estados do Brasil e também de outros países passaram a me mandar mensagens contando suas perdas. E eu, obviamente, respondia a todas.

Viramos curta-metragem, selecionado, em 2017, pelo Whatashort Independent International Film Festival. Tivemos, através do padre Omar Raposo, reitor do Santuário do Cristo Redentor, o apoio da Arquidiocese do Rio de Janeiro, e, a partir dessa interação, o símbolo da cidade foi iluminado, durante três anos sucessivos, no Dia das Mães, com as cores do logotipo do Mães Semnome.

1 Este texto foi escrito quando acordos entre as partes ainda não tinham sido realizados.

Missas, no Cristo, reuniam pessoas vindas de vários estados do país — todas vestidas com a camisa oficial do nosso Instituto. As mães, de mãos dadas, faziam suas orações e depositavam rosas brancas na igreja do santuário para seus filhos mortos. Outras ações foram realizadas: participamos do programa *Ação Global*, da TV Globo, organizamos um show beneficente no Teatro da Maison de France, com grandes nomes da MPB, palestras para policiais no Batalhão da Polícia Militar do Complexo do Alemão, na Cruz Vermelha, no Consulado da Argentina, visitamos a Escola Tasso da Silveira, em Realengo[2], e demos entrevistas em inúmeros programas de rádio e televisão.

Relato isso porque o Instituto Mães Semnome teve uma importância significativa na minha vida. Nele, descobri que não sofria sozinha. Nele, pude ver de perto o que eu sempre soube, mas não tivera a oportunidade de constatar: vivemos em um país repleto de violência, falta de fiscalização, impunidade e injustiças. Conheci mulheres extraordinárias que me contavam histórias cada vez mais cruéis; mulheres que entendiam as dores de forma recíproca e se amparavam de forma solidária; mulheres que ficavam em frente à Assembleia Legislativa, à Câmara dos Vereadores, ao Tribunal de Justiça e aos órgãos que fossem necessários, carregando cartazes com fotos dos filhos para pedir justiça. Na maioria das vezes, não eram ouvidas.

Hoje, sigo realizando esse trabalho como psicóloga, atendendo pacientes enlutados, organizando cursos de capacitação para profissionais de saúde que queiram trabalhar com luto e fazendo atendimentos voluntários para organizações não governamentais. Isso é para mim um propósito.

A vida mudou de modo radical. Afinal, 13 anos se passaram. A tristeza se acalmou. Fui assimilando gradativamente o que havia

2 Nessa escola, houve o massacre de Realengo: em 7 de abril de 2011, Wellington Menezes, de 23 anos, assassinou 12 alunos e deixou mais de 22 feridos.

acontecido com a minha família. E isso me foi trazendo paz e serenidade. Sei que o desespero que nos invade nos primeiros anos do luto vai arrefecendo com o tempo e a vida se rearticula outra vez. Assim foi para mim. Sei também que, não importa com quem eu esteja, não importa aonde eu vá, minha filha segue comigo. Do amanhecer ao anoitecer. Não há um dia na minha existência em que eu acorde e não pense nela. Não há um minuto sequer que eu a esqueça. O amor tem um fio dourado que une aqueles que se amam. Esse fio chama-se eternidade.

Sempre que fecho os olhos, tento visualizar seu rostinho lindo. Faço sempre uma prece por ela e por minha família. Por meu marido e por meu filho. Faço uma prece também por todas as mães que perderam seus filhos. Eu me emociono e, por vezes, choro.

Nesses momentos, como em um sonho, lembro a música cantada pela Baby Consuelo, ou Baby do Brasil, que diz que, "no canto do cisco, no canto do olho, a menina dança". Quase como um conselho, ela sugere que, se eu fechar os olhos, a menina estará lá, ainda dançando. E, assim, respiro, faço sempre um pedido, conto até três e entro no mundo da pura imaginação. Como em um filme, mágico, eu a vejo rodando e rodando, com um belo vestido, sorrindo para mim. Meu coração fica cheio de saudade, e a vejo dançando, dançando e dançando...

[ ]

O luto por um futuro perdido

Em desalinho
ficou o meu coração.

Monarco, "Coração em desalinho"

Eu agora não tô mais com medo, tô com Pedro

GILBERTO GIL

O luto é uma coisa que nos acompanha desde cedo. Está ali desde sempre, desde as primeiras perdas. Se estende para além do núcleo mais próximo (família, amigos, pessoas conhecidas). Às vezes me sinto enlutado pela perda de alguém que está distante, de quem eu mal ouvi falar.

A perda de um filho, então, a gente nunca imagina. Especialmente em se tratando de um filho ainda jovem, como era o Pedro.

Eu lembro que, quando o perdemos, as minhas primeiras declarações davam conta de quão surpreendente era o fato de um pai enterrar um filho tão moço: ele tinha 19 anos, e eu via sua morte como uma inversão de ordem no plano existencial. E para mim era estranho, demasiado estranho, que eu tivesse de enterrá-lo. Foi muito duro, evidentemente.

Pelo modo como eu busco me relacionar com a provisoriedade, a finitude, a morte dele foi um momento fustigante, um desafio à compreensão daquele fato como algo com que eu tivesse que me conformar. À compreensão de estar conformado com a perda, e ao mesmo tempo de estar conformado com o significado amplo de sermos todos seres vivos e todos sujeitos a essa provisoriedade. Quer dizer, a morte dele era dura, dolorosa para mim, e, ao mesmo tempo, a comprovação profunda de que ela fazia parte da vida e de que estava dada, estava posta enquanto fato inexorável que todos temos de enfrentar.

Mas havia o penar. O sentimento de pena por todos: eu, a mãe, os irmãos, os avós, os parentes, os colegas, os amigos no sentido amplo e toda a comunidade que já se formava em torno dele, uma pessoa já com tantos relacionamentos. O penar desse conjunto todo era uma coisa com a qual eu também tinha que me defrontar. Eu tinha que sentir por eles todos, tanto ou mais que por mim mesmo. Além do penar maior, que era a perda da vida para ele mesmo. A perda prematura da vida dele, em circunstâncias tão assustadoras, um acidente de carro, surpreendente, brutal — como a explosão de uma bomba inesperada, pondo abaixo tudo ao redor e, finalmente, destruindo-o. Esse era o penar essencial, o básico, o primeiro: sentir, com ele, a morte dele.

Que pena que meu filho morreu! Que pena que meu filho se acidentou de forma tão brutalmente fatal. Que dor que o meu filho deve ter sentido! Que susto que meu filho deve ter tomado! O que teria sido dele nesse momento? Que significado isso teria? O que seria isso? O que se passou com ele no momento de morrer da forma como morreu?

Eram muitas coisas. A perda do futuro. Aquilo que deixava de ser possível para ele. Todas as grandes interrogações, todos os grandes enigmas do futuro, o futuro interrompido para uma pessoa de 19 anos. Então tudo isso era parte desse penar que começava dentro de mim mesmo, a minha perda... e se estendia para todos os circunstantes. Ele estava servindo o Exército, e alguns dos soldados seus colegas foram ao enterro dele, todos muito consternados.

Continuaríamos todos a viver com aquele vazio. Ele se fora, e ficara o vazio, a ausência. Eu não imaginava que, de repente, pudesse ser ausência aquilo que fora presença tão cara por algum tempo, por alguns anos. Presença que deveria permanecer para além da minha, assim eu imaginara.

Um pai que enterra um filho: aquela coisa meio injusta, que justo seria que o pai morresse antes do filho.

Eu compus uma música — a fiz um pouco antes ou um pouco depois da sua morte e a considero enigmática, já que eu a atribuo ao fado: que ele tenha vindo para mim e súbito tenha ido embora —, "Eu agora não tô mais com medo, tô com Pedro".

[]

O luto trans

Passarinho de toda cor
Gente de toda cor
Amarelo, rosa e azul
Me aceita como eu sou.

Renato Luciano, "De toda cor"

O luto de uma pessoa trans e seus renascimentos

EDUARDO MEDEIROS

Nunca imaginei que pensassem em mim para escrever um texto sobre os meus lutos. Quando entendi a proposta do livro, de que há lutos diversos, diversas recordações passaram pela minha cabeça. E, assim que fui contemplado com o convite, pensei que talvez eu fosse pequeno, que existem tantas outras histórias. Contudo, ao ouvir que a minha história importa, validei um pouco mais a minha vida.

Comecei a escrever sem me dar conta de que seria tão difícil. Difícil escrever e entender quem eu quero ser, quem eu quero perpetuar em linhas num livro tão sensível. E deparei também com a dificuldade de descrever as minhas perdas como pessoa trans. Quase desisti da ideia, confesso. Mas por que eu não queria ser lido? Será que eu estava com medo de dizer para o mundo quem sou? Esse medo de me colocar livremente me deixou diante de um dos meus lutos.

Um luto trans, que acredito ser o mais difícil de relatar, é o luto de uma vida inteira. Muitas perdas pontuais surgiram da minha transgeneridade, e sei que muitas ainda virão. Porém, a minha perda permanente foi a do tempo.

Em relação ao tempo perdido, quero falar da minha constante impermanência e da minha não construção. Quando crianças, começamos a construir a individualidade, o que passa pelas questões de gênero. Começam a existir diferenciações entre meninos e meninas, as quais são reforçadas o tempo todo na nossa mente e avaliadas conforme o nosso comportamento. Desde que me lembro, fui contrário a todas essas regras. Uma vez, conversando com a minha mãe, comentei que ela nunca me ensinara a me amar, mesmo que sem intenção. Isso aconteceu porque o tempo inteiro fui negado; eu não tinha voz. Qualquer manifestação minha gerava conflitos e frustrações. Eu sentia que tudo que fazia era errado. Então, perdi a minha infância; perdi a liberdade de entender o que eu era e quem eu era.

Na época, eu não tinha ideia de que poderia não ser menina. Não tive nem a oportunidade de explorar isso, porque o meu mínimo interesse por tudo que me caracterizava como eu mesmo já era reprimido. Nessa fase é muito mais difícil impor a própria voz. Chamo esse luto de "luto de uma vida inteira", porque, nos meus 28 anos, vejo que só nasci mesmo depois dos 20. Até então, estava sozinho e não fazia a menor ideia de quem eu era. E crescer ouvindo que sou tão errado me fez carregar esse peso de tantos anos e me deixar impregnar por todas essas ideias sobre mim.

Ter perdido a oportunidade de formar a mim mesmo fez que eu me construísse sobre uma mentira ou uma meia verdade. Ao mesmo tempo que vivia a minha vida, não tinha consciência de quem eu era. Essas questões me fizeram uma pessoa completamente perdida. Eu me escondi atrás da ideia de ser uma mulher lésbica. Quando me assumi lésbica por não ter outra escolha, eu me confortei de alguma maneira, porque finalmente eu teria me encaixado num espaço, mas escondi de mim o meu desajuste. Apesar disso, tinha muito carinho por essa parte da minha vida, por me sentir acolhido e respeitado naquele momento.

Até que conheci uma pessoa trans. Os relatos, as vivências e os sentimentos foram me envolvendo. Percebi que, sim, poderia ser aquilo. Que momento lindo em que me entendia aos poucos dentro de um universo meu! Porém, foi um momento também complicado.

Sofri muita violência por parte de homens cis ao longo da vida — violências que, pouco a pouco, tiraram pedaços de mim.

Imaginem-me tentando entender que eu era homem a partir das minhas experiências! Era uma violência de dentro para fora. Só durante um processo terapêutico longo consegui dizer em voz alta: "Eu sou homem". Então, comecei a dizer baixinho: "Sou um homem trans". Repetição após repetição, fui construindo minha masculinidade. E que bom que eu me enfrentei! Descobri que poderia ser homem e formar a minha masculinidade com base na ideia do que eu não gostaria de ser. Percebi que ser homem nunca vai fazer de mim um homem cis (que alívio!), e a dor foi dando espaço ao meu estado de renascimento. E que renascimento lindo! Como eu renasço mais e mais todos os dias e me torno cada vez mais amado por mim! Consequentemente, mostro a minha beleza para o mundo e sou amado.

Depois que me entendi como homem, olhei para trás e comecei a interpretar o meu luto. Passei a identificar aquele limbo e o que me doía tanto. Perdi o meu direito de crescer, de me constituir. Perdi afeto, carinho, compreensão, amizades. Hoje, vejo tantos que cresceram comigo se reunirem, mantendo as amizades longas, antigas. Percebo que não tenho isso. Perdi também a base de que precisava para construir um mínimo de amor por mim. "Aquilo que deu errado." Essa seria uma descrição simples no dicionário, se ele precisasse me descrever. Percebi que esse sentimento tem muito a ver com o meu medo de escrever e ser lido aqui. Será que sou capaz? Mas como eu poderia não ser capaz de escrever sobre o meu próprio luto?

Outro luto meu foi a despedida da mulher que eu era. Mesmo não sendo mulher, eu existia nessa condição, que me trouxe conforto e algumas alegrias. Tinha medo de que tudo que contribuiu para me tornar o que eu era desaparecesse para sempre. Perdi meus espaços de conforto. Eu não encaixava mais neles. Então veio o medo de me arrepender, de perder e de a perda não dar chance a algo que me preenchesse. Hoje não sinto a menor falta da mulher que existiu.

Tudo que era dela pertence ao Eduardo. Fiquei com tudo que importa, e esse luto deu lugar a mais florescimentos.

Agora que cheguei à parte em que sou Eduardo — e, ainda que nem sempre me ache lindo, eu cultivo uma admiração por mim —, retomo o luto do processo para me tornar este, às vezes (e sempre), lindo homem. Quando me afirmei de forma mais enfática, mesmo não estando enfaticamente bem com isso, mas dando um passo na direção do renascer absoluto, vieram outros lutos. São doídos, porque eu me sinto responsável também pelos lutos alheios — a decepção dos outros de eu enfim ter colocado isso para fora; a quebra de expectativa de todos ao meu redor; a dificuldade que eu crio na vida das pessoas próximas, de terem que entender, mudar, transformar uma realidade anterior.

Só anos depois de me assumir trans é que pedi às pessoas que me chamassem pelo nome e usassem os pronomes corretos, mas elas, principalmente os meus familiares, sempre diziam que era muito difícil. Quando peço ou exijo que me respeitem, é porque isso importa para mim. A dificuldade e o desconforto que eles demonstram me violentam. Pasmem, é muito mais duro para mim do que para qualquer um deles. Penso em toda aquela vida que não me deram o direito de ter e, mesmo assim, estou aqui, vivo. É sinal de vitória, de orgulho de mim e do meu processo. A única pessoa que, para mim, poderia levar um tempo para entender isso era a minha mãe. Eu estava à espera dela, e ela entendeu.

Cansa pedir respeito — cansa demais. Mesmo assim, me vejo fazendo isso até desistir. Então começa o isolamento. Quando cresci, renasci e me encontrei neste lugar precioso que é o meu ser, passei a não caber em lugares onde sou maior do que aquilo pode me permitir. Fico triste que algumas pessoas por quem tenho tanto amor costumem nunca escutar a minha história nem entender que me fiz tão bom, me fiz brilhante, me fiz flor em ambientes nada férteis. Ainda assim me dói ter que dar adeus a esses lugares. O que aquelas pessoas ignoram é que eu não saí deles só por escolha minha — saí porque eram violentos. Se fossem o contrário, eu teria gostado de ficar, de fazer parte deles. Mas não farei.

Por isso tenho aprendido a pertencer somente a mim, o que não significa de jeito nenhum que eu ainda não tente compartilhar outros ambientes. Sou humano; também quero carinho, quero afeto, mesmo que esse afeto muitas vezes não esteja lá para mim. Também estou aprendendo a não precisar disso. Dou adeus, mesmo que doa. Esse adeus geralmente abre caminho a novas experiências em que eu não precise dizer adeus.

Não posso deixar de lado uma história que talvez mostre algo mais de mim. É uma história de luta, amor, carinho e resgate. Conheci uma criança trans de nome Laura. O processo dela se entrelaçou com o meu. Quando falamos de crianças trans, muita gente mostra seus tabus, suas dúvidas, sobre ser cedo, sobre ser necessário reprimi-las. Afinal, criança não pode saber quem é, certo? Errado. Sei disso porque fui uma criança trans.

Laura manifestou aos poucos a sua individualidade, que foi respeitada e acolhida. Nesse convívio, eu voltei no tempo. Quando a mãe dela a abraçou, senti um abraço no pequeno Eduardo. No momento em que dissemos à Laura que a amávamos como ela é e o nosso amor não mudaria, eu me vi construindo um berço, uma base para que ela crescesse e tivesse a oportunidade de construir para si, do seu jeito, o que quisesse ser. Percebi que o amor das pessoas que amamos dá muita força para existirmos com orgulho, termos carinho por nós mesmos, sermos gentis conosco.

Sinto-me muito feliz por ter conhecido a Laura e tentado fazer por ela o que não fizeram por mim; feliz por ver que ela transita por espaços que não pude usufruir e goza de segurança para viver sem medo. E transbordo de felicidade por saber que ela nascerá muito mais cedo que eu nasci, e talvez seja menos doloroso para ela do que foi para mim.

Claro que criar uma criança trans causa tantos medos e dificuldades que nem cabem neste texto. Mas não determinamos quem somos. O importante nisso tudo é a liberdade e o apoio para que todos tenham o direito de construir a si próprios. Sei que o luto já está surgindo para ela também, o que me dói, mas estou aqui para senti-lo junto com ela.

O que pretendo ressaltar é que a minha história com a Laura me fez entrar em contato com a minha criança. Tive que me despir da minha vergonha para dizer que ela não precisa sentir o mesmo. Para dar amor, precisei me amar mais. Minha luta através dos meus lutos constrói um espaço para que, aos poucos, eu não os tenha mais. Lá no começo do texto, quando me disse pequeno, eu não imaginava aonde chegaria. Isso porque, quando olho para a Laura e vejo o meu empenho em lhe dar o direito de existir, eu não me sinto pequeno — parte de mim nasce e cresce junto com ela.

Às vezes eu só gostaria de não precisar lutar, não precisar conquistar um espaço. Ser trans provoca atribulações, não só para mim, claro. Preciso ver gente que prefira estar comigo mesmo perdendo as pessoas que elas amam, porque não aceitam, não respeitam, não toleram. O *cis*tema é tão prepotente que rejeita tudo que o transgrida, não apenas as pessoas trans.

Tive um relacionamento em que quem estava ao meu lado não suportou conviver com uma pessoa trans. Não podia contar para os amigos, para a mãe, para o irmão. Podia me amar, sim, mas só escondido. E esbarro agora no luto de uma relação romântico-afetiva. Eu me encolhi para caber naquela situação até não aguentar mais e dizer adeus de novo. Queria ter o direito de amar, ser amado e não fetichizado. Queria ser leve — e como queria!

O que faço hoje é ressignificar as minhas dores para que o mundo seja um pouco menos pesado, tenha mais sentido para mim. Quando sofro hoje, sinto que já me estruturei mais. Nada me faria mais feliz do que poder transmitir essa experiência com amor, carinho e acolhimento, mas sem grandes expectativas, porque cada um faz o seu caminho e constrói a própria história.

Para mim, os lutos são uma combinação de perdas do que nunca tive, do que achava ter e do que experimentei com entrega. Sinto como se tivessem roubado aqueles 20 e tantos anos do Eduardo. Precisei morrer para renascer. Só me resta perguntar como teria sido a minha vida se a minha criança trans tivesse sido ouvida e aceita. Quero lembrar que a minha experiência não define outras vivências de pessoas trans e que também é difícil resumir neste espaço um período tão longo da minha existência.

Por fim, desejo a vocês uma caminhada respeitosa, suave e de florescimento, respeitando o seu ritmo. Agradeço por terem chegado até aqui e conhecido um pouco de mim.

[]

O luto trágico

Se quiseres poder suportar a vida,
fica pronto para aceitar a morte.

Sigmund Freud, "A interpretação dos sonhos"

De um velório a outro

ELIANE ARENAS

Rio de Janeiro, 12 de janeiro de 2020.

"Não vou dar conta. Não fico para o enterro." Digo isso aos prantos, num abraço de despedida no saguão das capelas do Cemitério São João Batista, no Rio, lotado de dezenas de amigos e familiares do músico falecido de mal súbito, aos 33 anos de idade. Desde o início do velório, às 8 horas da manhã, os amigos se despedem cantando sem parar.

Atravesso o cemitério atordoada, numa crise de choro inconsolável, cuja razão e força daquele estado nem eu mesma entendia. Ando aleatoriamente pelo cemitério procurando a porta de entrada, onde havia deixado meu carro. Por duas vezes sou amparada por estranhos que tentam me consolar e conduzir até a saída.

Afinal, o que estava acontecendo comigo?!

Aos poucos, fui percebendo que aquela morte me levou de volta ao ano de 1985. Essa tragédia me remetera à trágica morte do meu marido, também aos 33 anos, num acidente aéreo.

São Paulo, 2 de junho de 1985.

Fim de tarde de domingo, bairro da Aclimação, na capital de São Paulo. Estava jogando War, na cozinha de casa, com três amigos. As crianças (minha filha e o filho de um casal de amigos) brincavam na sala. A TV, ligada.

A interrupção do programa *Fantástico*, da Rede Globo, numa chamada de urgência, com a voz de Cid Moreira, me atraiu com uma força inimaginável para a sala. A notícia da queda de um avião de pequeno porte, do Aeroclube Paulista, na Vila Eclor, em Rio Grande da Serra, havia matado quatro pessoas, entre elas o pai da minha filha. Os outros três eram o piloto, um amigo do meu marido e seu sobrinho de 12 anos. Dos três adultos, as fotos das carteiras de identidade foram estampadas na tela.

Em uma crise histérica, fico imóvel emitindo um grito sem palavra durante alguns minutos, sem que ninguém entenda nada do que está acontecendo. Esse grito, ainda hoje, é completamente vívido em mim.

Os três amigos com quem eu jogava tiram as crianças da sala, e um deles me leva para o banheiro, fecha a porta e tenta desesperadamente me acalmar. Devagar recobro algum equilíbrio e consciência. Conto o ocorrido. Saio andando sem rumo pelas ruas da Aclimação em companhia daquele que me acalmara, dizendo coisas fragmentadas e desconexas. Não sei por quanto tempo andei. Por fim, paramos num "orelhão" (como eram chamados os telefones públicos de rua) e fizemos uma chamada para a casa da minha mãe, que confirma o ocorrido. Foi como se eu precisasse da confirmação de alguém conhecido para garantir a veracidade da notícia.

No dia anterior, meu marido havia dito que gostaria de levar nossa filha para o passeio de avião, num voo de instrução inicial. Ele tinha iniciado um curso para tirar o brevê de piloto, realizando um sonho. Lamentei que não houvesse dito aquilo antes, pois combinara que ficaria com o filho de um casal de amigos, para que participassem de um congresso sindical. Havia programado um piquenique no Parque Ibirapuera e depois os esperaria na Aclimação, bairro paulistano onde moravam.

Na segunda-feira, quando me dei conta de que uma criança havia morrido no acidente, foi como se uma enorme cratera me sugasse para o fundo da terra. Fiquei totalmente dividida entre um extremo alívio e uma terrível culpa. Vivi outra crise histérica, fiquei por algum tempo paralisada, sem conseguir mover um músculo. Desse dia em diante, o medo desmedido da morte da minha filha foi um companheiro inseparável.

No Instituto Médico-Legal, fui poupada de fazer o reconhecimento do corpo ou das partes que sobraram dele. Quando consegui chegar lá, meu cunhado e uma tia já haviam feito o reconhecimento, o que lhes custou um longo tempo de sofrimento para aliviar aquela lembrança.

Com a mesma roupa do dia anterior (calça jeans, blusa e tênis vermelhos), fui para o velório na capela do Hospital São Caetano, na cidade São Caetano do Sul. Dezenas de pessoas estavam presentes; foi uma grande comoção na cidade, entre amigos, parentes, conhecidos, desconhecidos e curiosos. O tempo todo estive amparada por pessoas das quais me lembro apenas como vultos. Somente a dor da mãe do pai da minha filha, de alguma forma, me trouxe por instantes de volta à realidade. Passei quase todo o tempo chorando debruçada sobre o caixão lacrado. Eu me lembro perfeitamente das bandagens usadas para reconstituir o rosto dele e das poças das lágrimas que eu derramava sobre o vidro do caixão. Minha analista à época foi ao velório. Conversamos, não faço ideia por quanto tempo. Só lembro que eu dizia com insistência, andando de um lado para o outro nos corredores da capela, ser culpada pela tragédia, por não ter dissuadido meu marido de fazer o curso de piloto e, de forma muito intensa, pela morte do menino. Essa é a única conversa de que me lembro naquele dia.

Não dei conta de ir ao enterro!

Do velório, fui ao consultório da minha analista, que ficava a menos de uma quadra da capela onde houve o velório. Não sei como, saí de lá dopada. Acordei na tarde de terça-feira na casa da minha comadre em São Bernardo do Campo.

Ainda muito atordoada, queria saber da minha filha, que eu não via desde domingo à noite. Não tinha ideia de onde nem com quem ela estava. Coube a mim, depois de alguns dias, creio que uma semana, contar para ela que o papai tinha virado uma estrelinha e estava no céu olhando por ela. Uma narrativa completamente sem sentido para mim na ocasião, mas de alguma maneira minha filha entendeu. Até hoje penso o que isso deve ter significado para ela. Lembro-me perfeitamente da carinha e dos olhinhos dela ao receber a notícia.

Uma dor enorme, indescritível, me assolou por meses. Entrei em licença para tratamento de saúde no trabalho depois de gozar o período de sete dias de luto. A partir dos primeiros dias depois do enterro, eu lembrava cada detalhe da notícia, do velório, do enterro, do retorno à minha casa, mas simultaneamente comecei a duvidar daquela morte. Numa clara negação consciente e inconsciente dos fatos, comecei a viver uma fantasia e uma busca insana para encontrá-lo.

Na minha fantasia, ele cometera algum delito grave, sentia medo de alguma coisa e criara uma história com a sua morte, porque não poderia aparecer em público. Durante uns seis meses, eu o procurei pelos lugares mais estapafúrdios: feira, supermercado, posto de gasolina, bares... Acreditava que ele estaria me esperando, precisando de mim, e que retomaríamos a nossa vida.

Evidentemente eu não falava sobre isso com ninguém, nem com a minha analista, pois poderia pôr em risco a vida dele e, também, porque era claro que eu não estava louca, pensava eu.

Não sei por qual milagre, aos poucos, fui compreendendo que ele não voltaria, que havia morrido mesmo! No meu caso, o teste da realidade foi implacável. O cotidiano, a dor do inventário (triste e bizarro episódio jurídico), o retorno ao trabalho, a falta de dinheiro, o envolvimento na militância política no final da ditadura militar e principalmente a responsabilidade de, dali por diante, ser mãe e pai da minha filha foram apagando a história e a fantasia de que ele não morrera e me trazendo de volta à realidade.

Embora tivesse casado outras vezes, nunca dei espaço para que esses homens ocupassem o lugar ou exercessem a função de pai para minha filha. Assumi a difícil tarefa de ser mãe e pai, num permanente conflito, oscilando entre o morde e assopra, que, imaginava eu, seriam as funções maternas e paternas.

Mais de duas décadas se passaram até que, por fim, consegui falar disso com meu atual analista. Essas lembranças e narrativas foram seguidas de sonhos com aeroporto, sala de controle aéreo, viagens, acidentes... Acreditava que o cuidado com a minha filha e os episódios na análise haviam enfim fechado o luto da morte do meu primeiro marido.

Contudo, a trágica morte do músico em janeiro de 2020, eu não ter conseguido ficar para o enterro, a desorientação com que vaguei pelo Cemitério São João Batista indicavam que algo estranho ainda estava vivo e em aberto.

Seis meses se seguem desde 12 de janeiro de 2020. Tempos atípicos e sombrios, com mais de 80 mil brasileiros mortos pela pandemia de covid-19, num confinamento que ultrapassa 120 dias. Sigo elaborando os mistérios da vida e da morte.

Hoje, moro muito próximo da minha filha, que está com 40 anos, casada, com duas filhas (uma com 7 anos e outra com 5 e meio). Tempo desacelerado pela pandemia que me ajuda a ver a mulher linda que ela se tornou. Mulher e mãe amorosa, bastante atenta à educação das meninas. Graduada em Física pela Universidade Federal Fluminense e mestra em Física pela Sociedade Brasileira de Física, passou pelo teatro e pela graduação em Artes Cênicas da UniRio, e é proprietária do Akros (território educativo que une escalada *indoor*, ensino de Física, vivência em grupo).

De algum modo, a tragédia dessas duas mortes se funde em mim. A interrupção abrupta da vida no auge. A falta de sentido na subversão da "ordem natural" da vida, pela qual os pais enterram os filhos. A enorme dor que tudo isso implica. Freud tinha razão: de certa forma, em cada luto revisitamos os lutos anteriores.

Depois, as forças da vida, lentamente, vão inundando o espaço do luto. As forças vitais são, de fato, muito poderosas. Vida que sobrevive e se reinventa de dentro de tempos adversos e tão estranhos à própria vida. Seguimos...

P.S.: Escrevi este relato num fôlego só, em poucos minutos, como uma catarse, logo depois que a Mariana me propôs escrever algo sobre o luto trágico. Somente na releitura percebi que minhas reações nos dois velórios foram muito semelhantes. Será mesmo possível fechar o luto trágico?

[]

O luto animal

Amigo, estou aqui! Amigo, estou aqui!
Os seus problemas são meus também
E isso eu faço por você e mais ninguém
O que eu quero é ver o seu bem.

Randy Newman e Renato Rosenberg (versionista),
"Amigo, estou aqui"

Delicadamente, ela se foi

CAMILA ALVES, A HUMANA DA PUCCA

O choque do avançar da idade dela veio com o anúncio da sua aposentadoria, feito pelo seu instrutor. Pucca, uma *golden retriever*, tinha a mim como sua humana havia oito anos. Nos conhecemos em 2010, quando a recebi para ser o meu primeiro cão-guia. Sua chegada veio como uma promessa de mais liberdade, mais autonomia... E eu mal sabia que ela também traria mais vida, mais alegria, mais companhia, mais amor.

Pucca era enorme; emanava um ar soberano e sedutor. Cheia de energia, me acompanhava o dia inteiro pela cidade: das aulas da faculdade aos bares, do mestrado ao consultório onde eu trabalhava, das salas de cinema às galerias de arte. Ao lado dela me tornei mulher, me tornei psicóloga, me tornei mestre, me tornei mais humana, me tornei mais eu.

Ela teve uma vida de partilha e doação: sua vida deu sentido à minha, minha vida deu à Pucca uma história. Que generosa ela foi! A sintonia era tanta que o cansaço dela era também o meu, a diminuição do ritmo dela era também a diminuição do meu. E simplesmente, pela naturalidade de nos acompanharmos, foi preciso que o treinador dela, durante uma visita anual, anunciasse aquilo que eu não havia ainda visto: sua hora de parar.

O impacto de estar menos com ela, de ir para o mundo sem a presença dela e a perda do vínculo e da ligação cotidiana nas ruas ao lado dela me assustavam. Foram meses de despedida, de muita emoção e tristeza, e surgiu a certeza de que Pucca se tornava para mim, naquele momento, minha companheira de casa e passeios descompromissados e sem regras. Era o nosso primeiro fim juntas e outro recomeço.

Pucca reuniu muita gente em torno dela. Seus cuidados na aposentadoria foram divididos com muitos amigos e familiares que nos acompanhavam em sua nova rotina, em consultas, nos passeios e também nas decisões que eu teria que vir a tomar.

Já no seu primeiro mês de aposentadoria, descobrimos uma catarata. Pucca passou a fazer seus passeios sem coleira pela primeira vez e por determinação dela. Quando julgávamos necessária a guia no passeio e a colocávamos, Pucca teimava em nos mostrar a sua recém-conquistada autonomia.

Aos poucos ela foi se tornando outra versão dela mesma. Já andava mais devagar do que antes, desenvolveu um grande apreço pela contemplação, por deitar e olhar outros cães, a rua, as pessoas... A coleira descartada lhe deu outro tempo.

Seus horários de passeios também passaram a ser escolhidos por ela. Se inventássemos de sair quando não queria, ela simplesmente não ia. Em casa, passou a dormir mais, de barriga para cima, no chão gelado. Não perdeu a doçura em nenhum momento.

O funcionamento do seu corpo marcava esse novo tempo: o intestino não respondia mais como antes; foram necessárias mudanças na sua alimentação. Pucca, na aposentadoria, passou a comer comidas humanas, uma possibilidade apenas para os cães-guias já afastados das suas funções. E ela adorou conhecer banana! Na feira, já sabia da localização da barraca de melancia. Tinha feito amizade com o rapaz da banca; comia a fruta e ia embora sem pagar.

Ela foi amiga dos meus amigos, dormia com eles sem mim, passava fins de semana na casa deles, fazia festa quando chegavam à nossa casa, viajava com vários deles, mesmo quando eu não ia. Quando ela não estava, todos sentiam sua falta.

Com sua aposentadoria, Pucca recebeu um irmão, Astor, meu segundo cão-guia, que chegou cheio de energia, quando ela já não tinha mais tanta. Astor sacudia a Pucca, não a deixava em paz, não aceitava seus descansos. Porém, na relação deles, descobriram o equilíbrio que só poderia ser encontrado por eles mesmos. O tempo com os dois em casa foi divertido. Astor subia nela, a mordia, e Pucca, já com 12 anos, voltou aos poucos a brincar como antes. Era tão velha e tão jovem! A sensação de que ela estava renascendo e ao mesmo tempo partindo era ambígua para mim.

Pucca brincava, mas a coluna dela não era mais a mesma. Levantar demorava um tempo, subir escadas foi se tornando cada vez mais difícil, várias vezes foi necessário pegá-la no colo. Ela não gostava, tentava impedir, mas nos últimos meses não houve muita saída. Os dias se tornavam imprevisíveis: uma tarde incrível de passeio e uma noite difícil, com vômitos e diarreia.

Descobrimos mais tarde um tumor abdominal. Seria o anúncio da morte dela? A idade já estava avançada. Pucca fez a primeira cirurgia, e o tumor foi retirado. Uma recuperação complicada, muitos medicamentos e sacrifícios, muitos pontos... Quase não passamos por isso, mas... ufa! O alívio da cura chegou. Durou pouco.

Em poucos meses o tumor voltou. A decisão dessa vez foi mais difícil do que a primeira. Sabíamos que talvez não tivéssemos o mesmo êxito do pós-operatório. A questão não poderia mais girar em torno da cura, que havia sido realidade antes, mas sim da qualidade de vida dos seus últimos meses ou anos de vida.

Uma quimioterapia também era pouco indicada, pois os efeitos colaterais poderiam ser complexos e dolorosos, sem trazer uma solução efetiva. A angústia era grande e qualquer decisão tomada parecia matá-la. Foi quando entendi que eu teria de me esforçar diante do inevitável: a sua partida.

Com o tumor, Pucca sentia um grande incômodo, como a necessidade de mudar a posição de deitar ou sentar, um peso abdominal maior, mas sem dor e sofrimento. A alegria dela não fora atingida e seguimos juntas, aprendendo a gestar a morte, assim como se gesta a vida. O tumor de Pucca cresceu no mesmo lugar onde outra vida cresceria, em outras circunstâncias. Íamos monitorando o seu crescimento, os possíveis incômodos e dores que surgiriam, quanto furtariam sua energia vital.

Fomos adaptando os passeios, entendendo o ritmo possível, devido ao crescimento do tumor, e a indicação de outras limitações. Até que, em 23 de outubro de 2020, uma sexta-feira, levamos Pucca e Astor para o banho, e ela estava mais lenta que de costume. Chamou a nossa atenção. Nada tinha acontecido antes naquele dia.

Sabíamos que ela não era muito a fim de *pet shop*, enrolava quando o caminho era esse, mas estava diferente. Desconfiadas, mas no fundo esperançosas de que não fosse nada tão fora do comum, deixamos os cães lá e voltamos para casa. Poucos minutos depois foram suficientes para confirmar aquilo que temíamos — recebemos uma ligação para irmos buscá-la: ela não estava bem e não conseguia ficar em pé.

O coração palpitava, a garganta já se fechava e dali seguimos direto para a emergência. De imediato precisaram interná-la. Soubemos que os seus órgãos estavam sendo deslocados pelo tamanho do tumor. Foram administrados remédios para dor. No sábado fui chamada para uma consulta com o médico paliativista do hospital veterinário. Ficamos em uma sala com ele e Pucca, que saíra da enfermaria para essa visita.

Da conversa com o médico ainda não me esqueci. Foi difícil para mim e penso ter sido para ele também. Que missão! Ele precisava me avisar que Pucca estava partindo... um processo ativo de morte havia começado. Eu poderia pensar em eutanásia para evitar seu possível sofrimento, mas o veterinário não me sugeria ainda. Pucca estava partindo, mas estava bem. Como a dor fora aliviada, o cenário previsto era que em casa eu conseguiria ministrar os remédios, mas precisaríamos suportar vê-la partir!

O veterinário, ainda durante a conversa, fez comigo o seu plano de partida: me lembrou de que seria importante ela ficar no lugar da casa onde gostava de estar. Não sabíamos se ela voltaria a andar, nem se comeria e beberia água. Ela usaria fraldas, mas nada disso precisava ser uma preocupação. Precisava era de carinho e de companhia para morrer. Essa foi uma conversa sobre a morte acompanhada, sobre ter uma vida digna e uma morte digna! Uma morte que fechasse a vida brilhante que ela teve.

Voltei com Pucca para casa no domingo. Ela estava "menos bem" do que no dia da visita anterior. Por dentro eu criava todos os argumentos que podia para negar isso: era cansaço de estar fora de casa, era calor, era saudade. Mas em casa Pucca não levantou mais. Não queria água nem comida. Fiquei deitada ao lado dela, fazendo-lhe carinho na cabeça enquanto ela dormia. Foi ao mesmo tempo uma sensação de conforto e desconforto. Ela parecia em paz, e talvez fosse meu o desconforto que eu achei que fosse dela.

A segunda-feira, um dia difícil. O argumento do cansaço e do calor não se sustentava mais. Pensei que fosse algo que eu pudesse fazer ou mudar. Algum remédio, algum soro, alguma coisa. Cancelei o trabalho, escrevia de hora em hora para a veterinária e, quando ela me disse que no fim do trabalho iria lá para casa ver a Pucca, eu me acalmei.

Depois do almoço deitei com ela, colocando a sua cabecinha no meu colo. A respiração estava diferente e, de súbito, ela teve três espasmos sutis e partiu. Foram cinco minutos de desespero sem fim. "Liga pra veterinária? É isso mesmo? Será que ela morreu?" Ela vibrava. A veterinária pediu que puséssemos o ouvido no peito dela: nada! Um espelho à frente do focinho: não embaçava! Os cinco minutos passaram, a expressão dela começou a mudar. Já não tinha mais jeito, Pucca tinha partido delicadamente.

Astor, nessa hora, já não quis se aproximar. Fizemos uma oração, tirei a última foto com ela, com as flores que tínhamos em casa. Avisamos os amigos e os familiares. Meia hora depois a equipe de cremação chegou — doloroso demais, mas também um alívio. O alívio da certeza do descanso e da gratidão.

As cinzas da Pucca estão hoje no jardim do meu consultório. Ela continua em nossa família, continua em meu corpo, continua em meus amigos, continuará, para sempre, em mim.

[]

O luto neonatal e gestacional

[...] *eterno é tudo aquilo que vive uma fração de segundo*
mas com tamanha intensidade que se petrifica e
[*nenhuma força o resgata.*

Carlos Drummond de Andrade, "Eterno"

Silêncio

DANIEL CARVALHO

Bem à minha frente, colado na parede do corredor, discreto, as cores meio lavadas do tempo (provavelmente é dos anos 1990; eu me lembro de isso ser bem comum naqueles tempos), tinha um cartaz de uma mulher, de uns 30 anos, com um quepe azul de enfermeira na cabeça, que eu nunca vira nenhuma enfermeira usar, e com o dedo em riste colado na boca. O cartaz dizia embaixo, em letras em caixa-alta, numa fonte velha que ninguém usa mais: SILÊNCIO.

Tudo que existia em mim naquele momento era o silêncio. Aquele corredor de hospital era tudo, menos silencioso. A todo momento alguém passava ali com algum carrinho de alguma coisa. Enfermeiras, médicas, funcionárias, visitantes circulavam a todo instante, carregados de sorrisos, balões, flores e coisas cafonas que eu sempre idealizei rejeitar de diferentes maneiras, quando os recebêssemos. As pessoas entravam gritando nos quartos daquela maternidade: gritavam por seus amores recém-nascidos, pela surpresa de conhecer alguém que já conheciam sem ver, pela felicidade de ter dado tudo certo. Dado tudo certo... Eu via aquilo, da porta do quarto onde minha esposa descansava após um parto tão extenuante, e o que eu conseguia ouvir em mim era... silêncio.

O choro que fundaria a minha paternidade não chegou. Joana nasceu silenciosa. Minha paternidade nasceu silenciosa. Durante quarenta semanas me impuseram silêncio. Prometeram-me um choro angelical ao fim daquele período. Disseram-me que nesse choro eu me fundaria pai. Tudo que ouvi foi silêncio. A equipe médica retirou minha filha em silêncio. Ninguém me olhava. Ninguém falava comigo. Joana saiu azul, como o quepe daquela enfermeira preocupada com barulhos no corredor do andar de cima, que eu iria conhecer logo em seguida, depois de a minha filha ter sido estabilizada a muito custo e levada numa caixa por mais de quinze pessoas para a Unidade de Terapia Intensiva Neonatal daquele hospital. O choro que veio foi o meu. Mas até ele fez silêncio, e eu também não o ouvi.

Muita gente diz, em situações como essa, que não se lembra de nada, que tudo fica como que numa névoa, sem grande clareza do que aconteceu. Minha esposa, quando tenta se remeter a esse momento, é um pouco assim. Há coisas que ela ainda tem dificuldade de se lembrar e até de acreditar. Eu não. Eu me lembro de tudo. Absolutamente tudo. Lembrar pode ser um fardo, dependendo do que se lembra. Aquelas imagens são algo que eu nunca conseguirei esquecer. Acho que desde o início eu entendi isso e, portanto, nem fiz muito esforço para silenciá-las. Ao contrário, elas são como gritos, ecos que não se dissipam, faça-se o que se fizer. Ecos têm o poder de silenciar. Ecos podem ser fardos.

Minha filha estava dentro de uma caixa transparente; a única coisa que eu podia fazer era olhar para ela. Tocá-la, pegá-la, até falar com ela, tudo era interdito. O protocolo médico de preservação de funções neurológicas era como um muro. Eu não tinha nada. Qualquer estímulo era proibido. Desobedeci. Corri meu dedo indicador pelo seu pezinho, me sentindo um criminoso, escondido, e olhando para os lados, como nos filmes em que um ladrão vai furtar algo na janela de alguém e olha para os lados para ter certeza de que ninguém o vê, sem saber que, ao fazer isso, ele justamente atrai os olhares de todos. Ela retraiu o pé num susto, e todo o seu corpo estremeceu. Os aparelhos e todos aqueles números e ponteiros infernais se mexeram. Tudo se alterou. Uma sinfonia de toques ressoou por toda a sala e rompeu o silêncio possível daquele lugar. Ela sentiu cócegas. Haviam me roubado seu choro; haviam me roubado a inauguração da minha paternidade. Esse foi o momento em que eu a roubei de volta. Joana gargalhou cosquinhas em bipes, e eu me fiz pai no sorriso.

Eu ficava na porta do quarto obedecendo à moça vestida de enfermeira à minha frente. A maior parte do tempo eu mantinha o silêncio, absorto em pensamentos que hoje não consigo nem ter ideia de quais eram. Lembro pouco o que pensei naqueles momentos. Lembro-me de pensar que eu deveria trabalhar, mesmo estando no meu segundo dia de um período de um mês de férias. Lembro também de ficar pensando em possibilidades, infinitas, mesmo que o futuro para o qual eu me preparara tivesse sido roubado. Mas, além disso, desse tipo de coisa, não lembro muito. Eu rompia o silêncio dentro de mim só com a minha esposa. Ela era a única que sabia me ouvir. Quando alguém aparecia no quarto, eu era só silêncio. Eu falava, mas era o que as pessoas queriam escutar. "Está tudo bem" era o que eu dizia quando me perguntavam, ao pé do ouvido, como a minha esposa estava. Eu precisava ser forte por ela, me diziam. Eu precisava estar bem, porque ela estava precisando de mim. Eu respondia "sim" para tudo. Dizer "sim" para tudo é calar a si mesmo. Só entendi isso depois.

Ouvir é diferente de escutar. Ninguém escutava o meu silêncio. Ninguém queria escutar o meu silêncio. Nem eu. A gente ouve com os ouvidos, mas escuta com o coração. Quando vão visitar um casal que está à beira de perder a filha num momento em que se esperava receber sua vida, as pessoas não querem escutar. Querem falar. É o coração delas gritando suas dores em cima da gente. Não é para culpá-las. Trata-se de um sofrimento que, quando se vive em comunidade, é mesmo compartilhado. Mas eu ouvi e escutei muito sofrimento de muita gente; gente querida, gente não tão querida, gente absolutamente desconhecida... Como o da moça do cartório, que me viu voltar uma hora depois de eu ter feito a certidão de nascimento de Joana para dar entrada na de óbito. Ela me dera parabéns uma hora antes. Ela rompeu o próprio silêncio para dizer: "Eu sinto muito". Eu respondi: "Talvez não, mas obrigado". Respondi isso dentro de mim, em silêncio. Todo mundo quer falar das próprias dores e quer escutar algo que os faça sobressair e se curar. Isso tudo pulava em cima de mim, e eu ia agarrando. Para mim, o que fazia sentido era ser aquele que ia amparando os outros. Começava pela minha esposa. Todo mundo só falava dela, com ela, para ela. Não permitiram que ela tivesse o silêncio dela. E o meu, ninguém escutou; nem eu.

Depois de seis dias, quando começamos a entender que Joana estava morrendo, fomos para o CTI, e eu passei a madrugada ao lado dela ouvindo aqueles barulhos malditos dos bipes, que não eram sorrisos de cosquinhas. Fiquei rezando algo qualquer para São Francisco de Assis, mesmo tendo perdido esse hábito havia anos. Então me pediram para sair, porque iam tentar um procedimento nela. Naquele instante, eu e a minha esposa já entendíamos o que estava acontecendo. Ficamos ali na porta do CTI nos piores 30 minutos da nossa vida, ouvindo aquelas máquinas que agora eram barulhos de uma esperança longínqua. Mas logo nossa torcida foi interrompida pela médica, para nos dizer que agora podíamos entrar para pegá-la nos braços e...

Tudo parou. Ela deu uma volta enorme para me dizer o que não tinha coragem de dizer. Mas eu entendi no absoluto instante em que ela colocou o ponto-final naquela frase falada. Dei a mão para a minha esposa. Entramos, atordoados. Lavamos as mãos, os braços, as unhas sistematicamente, como havíamos feito todas as vezes em que descemos em busca de esperança. E entramos. A equipe de duas médicas e três enfermeiras rodeava a incubadora. Minha filha estava enrolada em um cobertor nos braços de uma delas, que me olhava com um sorriso tímido no rosto. Recebi aquele sorriso; ele me abraçou. Com ele, percebi que eu fazia todo esse trajeto chorando. Eu podia ouvir meu choro. Ele não era mais silencioso. Nem para mim.

A enfermeira colocou minha filha no meu colo e depois no da minha esposa. Eu chorava muito. Fiquei uns cinco minutos com ela no peito. Eu me senti feliz naquele momento. Consigo ouvir essa felicidade hoje. Ela está aqui ainda. Quando levantei a cabeça para devolver Joana, todas tinham saído. Estávamos sozinhos. A única que ficou foi aquela enfermeira. Ela ainda tinha um sorriso discreto no rosto. Devolvi minha filha para ela cuidar. Ela me disse: "Ela é linda", e o sorriso dela se abriu. Foi a primeira vez que sorri. Era um sorriso chorado, como ele queria ser naquele momento. "É, muito" — eu disse. Ela é. Quem precisa de futuro, quando se tem o presente?

Minha esposa, depois de um tempo, disse que naquele momento em que Joana estava em seus braços, ela só pensou foi em mim. Disse que só pensava no pai que eu teria sido. Penso nisso até hoje. Não acho que eu teria sido o pai que sou agora. Joana me ensinou a ser pai além da vida e aprendendo coisas que nunca sonhei aprender. Ela foi a primeira que abriu um espaço dentro de mim para mim mesmo. Foi ela quem me fez me escutar, mesmo quando ninguém estava disposto a fazer o mesmo. Sei hoje que sou um pai muito melhor do que teria sido se nada disso tivesse acontecido.

Precisei descobrir que eu também estava sofrendo para entender que havia bastante amor dentro de mim. É um amor que sofre, mas desconheço qualquer amor que seja diferente disso. É difícil, eu sei, para a maioria das pessoas alcançar a real dimensão desse sentimento. Muita gente passa a vida toda sem compreender isso plenamente. Eu não, eu sei. E aprendi com minha filha. Aquele homem no corredor do hospital, olhando aquele cartaz, só precisou de tempo e de quem o escutasse do jeito que o amor dele queria falar. Em nome de ser homem, para si e para o mundo, aquela paternidade silenciada apenas queria espaço para poder ser. Espaço não se dá; espaço é algo que se é. Em cosquinhas sinfônicas de UTI ou encostado em um sorriso do peito.

Quanta coisa diz o silêncio! Nele descobri minha paternidade, minha tristeza, meu amor, meu sofrimento... Nele aprendi a sentir o mundo. Aprendi a falar e a escutar. Entendi que o amor abre uma janela que aponta para a vida e que a única coisa que a morte faz é fechá-la. Mas o amor não se cala, apenas se faz silêncio. E, no final das contas, a moça do cartaz tinha razão. É preciso haver silêncio. É preciso escutar o silêncio.

[]

O luto anunciado

A morte, surda, caminha ao meu lado
E eu não sei em que esquina ela vai me beijar.

Raul Seixas e Paulo Coelho, "Canto para minha morte"

O tempo não para

LUCINHA ARAÚJO

Não posso falar de luto sem antes tentar que entendam um pouco quem sou eu. Nasci filha do meio de um casal de classe média. Como a diferença de idade entre nós é grande, minha irmã mais velha foi quem deu o tom das brincadeiras e do certo e do errado enquanto eu era pequena. Quando comecei a me entender por gente, caiu em meu colo minha irmã mais nova. Uma boneca linda, de parar o trânsito. Eu ali, meio perdida, tentando conquistar espaço. Como tenho personalidade forte, conquistei meus espaços, mas não sem esforço. Apesar de ter sido a filha do meio, este nunca foi o espaço que quis ocupar. Fui sempre a melhor aluna da escola e em momento algum gostei dos meios-tons. Sou uma pessoa de grandes paixões, de sentimentos fortes, de opinião. Acho que, não à toa, a vida me respondeu na mesma moeda. Ainda menina aprendi a costurar e comecei a ganhar o meu dinheiro. Queria ser independente. Gostava de ter coisas boas. Apaixonada pelo meu primeiro namorado, me casei, apesar de meus pais não fazerem gosto. Meu casamento durou cinquenta anos. Costurava bem, tinha muitas clientes, e minha mãe tinha a preocupação de eu sustentar meu marido. Naquela época eu ganhava mais que ele. Nunca tive nada de mão beijada. Não sou uma pessoa do meio, não tenho meias-palavras, não fico em cima do muro — minha vida sempre foi ou tudo ou nada; preto no branco. Cores pastéis não fazem parte da minha personalidade nem do meu estereótipo. Nesse contexto, acho que já dá para imaginar que ter um filho, para mim, não seria uma coisa simples, normal.

Quando descobri que estava grávida de Cazuza, todas as minhas células se preencheram de amor. Eu me senti a mulher mais feliz do mundo. Esse filho, pensava eu, seria o primeiro de muitos — eu tinha o desejo de construir uma grande família. Assim que João, meu marido, soube da gravidez, disse que eu teria um cazuza, maneira como os pernambucanos se referiam a menino. Fiquei encantada. Dito e feito, nasceu o meu Cazuza no dia 4 de abril de 1958. Apesar do parto difícil, foi o dia mais feliz da minha vida. Anos mais tarde, depois de tentar muito ter outros filhos, soube que o parto complicado de Cazuza teria me impedido de ser mãe outra vez.

Assim que fui para casa com meu filho nos braços, comecei a me desesperar. Cazuza chorava a noite toda, não dormia, e eu ficava me achando uma mãe horrível por estar sempre cansada e por não conseguir que ele parasse de chorar. Pensava na minha irmã mais velha, que já tinha duas filhas, e ficava imaginando como ela conseguia lidar com as duas, se eu era incapaz de cuidar de um.

Com o passar do tempo, Cazuza se tornou o menino mais lindo, doce, carinhoso e sedutor. Era o neto predileto das avós. Ficava quieto desenhando enquanto eu costurava, mas, na adolescência, passou a ser rebelde. Suas notas na escola já não eram boas, e tinha argumento para tudo. Obedecer? Nem pensar. Era inquieto, queria tudo, e João e eu tentávamos entender e suprir suas necessidades. Quis fazer curso de fotografia fora do Brasil, entrou para o teatro, mas não parava em lugar nenhum. João, que era um homem prático, o colocou para trabalhar.

Mas tudo mudou quando ele se juntou ao Barão Vermelho. Hoje vejo que Cazuza ainda não tinha se encontrado. O fato de se realizar como compositor não o fez se acalmar; ele apenas achou seu lugar.

Seu espírito inquieto e contestador fez dele o artista que é até hoje. Trinta anos após sua morte, ele ainda é respeitado, tocado, regravado e conquista fãs que nasceram depois de ele ter morrido. Ele, como eu, não tinha meios-termos: era um exagerado. Como disse meu amigo Caetano Veloso, a verdadeira exagerada sou eu, e Cazuza só me imitava. Não vou dizer que ele está certo; Cazuza nunca foi de imitar ninguém. Cazuza e eu somos exagerados.

Depois de ter falado um pouco sobre quem eu sou, acho que já estou apta para começar a falar de luto. Cada um tem sua forma de amar, e acredito que o luto esteja ligado diretamente à expressão de amor. Quanto maior a intensidade do amor, maior a intensidade da dor do luto. Sei que não existe medida para amor e dor, mas só posso falar de um e de outro pela minha ótica, dentro das minhas entranhas.

A perda de um filho, por ser antinatural, por ser inesperada, é brutal. Apesar do adoecimento de Cazuza ser visível, eu me agarrava à esperança de que algum milagre pudesse acontecer. Tentava não falar da perda. Combinei com Cazuza de não falar em morte, e João tinha a frase que nos dava esperança: "Meu filho não vai morrer porque eu não vou deixar". Acreditávamos nesse mantra que João repetia para nós à exaustão, até o fim.

Mas o dia 7 de julho de 1990 chegou para dar um fim à vida do meu filho e me transformar para sempre. A partir desse momento, fiquei aleijada de alma. Pensei que não sobreviveria, que a vida não teria mais sentido sem ouvir a voz dele, sem sentir seu cheiro, seus passos, suas brincadeiras e tantos detalhes que tento desesperadamente guardar na retina da memória. Sua presença marcante foi-se. Literalmente morreu com ele não só o seu futuro, mas parte do meu também. Jamais poderia ser avó, jamais veria o futuro do meu filho e tudo o que ele poderia criar e viver no mundo. Foi decepada de mim a janela que descortinava os sonhos de perpetuação.

O tempo é cruel: não diminui a dor, só faz a falta mais presente, ao mesmo tempo que rouba detalhes que eu vou perdendo. Algumas lembranças não sei se são minhas ou criadas pela necessidade de preencher o buraco, a falta, para dar sentido à dor da perda. Algumas vezes nos lembramos de coisas que nunca existiram, mas foram repetidas tantas vezes que se tornam verdade para nós.

Procuro os amigos de Cazuza para que me contem e me recontem histórias. Tenho a sorte de ele ter deixado sua voz perpetuada junto com as suas poesias e ideias gravadas. Não me canso de ver suas fotos e de ouvir suas músicas. Mas, por mais que elas me consolem, falta o som dele chegando à nossa casa e me chamando.

Assim que Cazuza partiu, pensei que não ia resistir. Pensei em deitar na cama e chorar até morrer também. Nunca mais queria ouvir falar em aids, nunca mais. Minha vida ficou repleta de NUNCA MAIS. Era só isso que eu via e sentia: a falta.

Aos 32 anos de idade, Cazuza já tinha deixado um legado, e eu não me dera conta. Além do sucesso em sua carreira urgente e meteórica, ele foi a primeira pessoa pública no Brasil a dizer que tinha aids. Na época eu não sabia — só tinha olhos para ele —, mas tornar pública sua condição de saúde fez dele um símbolo na luta contra essa doença. Sem me dar conta, me tornei a mãe que dava apoio ao filho quando todos tinham medo, quando o preconceito era imenso. Fui considerada um exemplo. Logo eu, que só queria meu filho de volta.

A vida é sempre uma surpresa, e foi com grande orgulho que vi a organização de um show em praça pública em homenagem ao meu menino. Tinha de me agarrar a alguma coisa e me agarrei ao orgulho que sentia. Troquei o NUNCA MAIS pelo orgulho, para não deixar que seu sofrimento tenha sido em vão, para divulgar sua obra, seus pensamentos, suas ideias. Descobri que, apesar de ele não estar mais aqui comigo, suas ideias ainda estão.

Usei a dor como energia de trabalho. Montei a Sociedade Viva Cazuza pensando nas pessoas que, como ele, se contaminaram com o HIV, na tentativa de ajudar, pelo menos, a minimizar o sofrimento delas. Montei uma casa para crianças com HIV positivo e buscava no sorriso de cada uma delas o brilho dos olhos do meu filho; buscava conforto enquanto confortava. Com o tempo, aprendi que essa troca é o que de melhor tenho para dar. Recebo mais do que dou. Essa é a razão da minha vida, principalmente agora que também não tenho mais meu marido. Aprendi que a vida não é um milagre, que não podemos jogá-la fora. Ela precisa ser vivida intensamente. Não podemos passar pela vida sem tentar dar o melhor de nós mesmos. Todo dia tento aprender a conviver com a falta. Durmo e acordo com minhas perdas: sem meu filho e sem meu marido. Quando me levanto, me olho no espelho, respiro fundo e penso que não posso parar, que devo ao Cazuza a coragem e a integridade. Ele, que tão jovem lutou contra o tempo para deixar sua marca, suas músicas e poesias. Não posso me acovardar. Lavo o rosto pensando no que vou fazer e em como vou fazer.

Algumas pessoas dizem que eu transformei a dor em trabalho. A dor não se transforma. Ela está presente em mim todos os dias. O tempo não aplaca a dor. Não é possível esquecer, não sentir, não doer. Faço o possível, que é usar a dor como energia e trabalho. É em nome de Cazuza que trabalho. “Raspas e restos me interessam.” Deles eu vivo, sobrevivo e procuro ser feliz com o que tenho, como posso e nos momentos em que posso. Acredito no que faço. Acredito que cada um tem de fazer sua parte e acho que estou fazendo a minha. Ficar deitada contando as minhas lágrimas e lambendo as minhas feridas era uma opção, mas não sou de ficar deitada. Para sobreviver, precisei dar sentido a essa perda. Acho que o luto é exatamente isto: a tentativa de dar sentido à morte, à perda, à “não vida”. É também uma maneira que achei de me rebelar contra ela, de gritar aos sete ventos que meu filho ainda está presente não só na minha vida, como também na vida de todos aqueles que a Viva Cazuza ajuda.

De certa maneira, meu trabalho é um protesto disfarçado contra o sentimento de injustiça que sinto por ter perdido meu filho. Já que não tenho resposta à pergunta "por que ele?", perpetuo a presença dele através da Viva Cazuza.

A vida não vem com bula, e minha experiência provavelmente não servirá para outros. Mas gosto de compartilhar experiências. É tudo que tenho!

[]

O luto do imigrante

Eu tenho medo de que chegue a hora
em que eu precise entrar no avião.

Belchior, "Pequeno mapa do tempo"

O cinza e as cores do Brasil

VICTOR MENESES (TRANSCRITO POR LUIZ)

Nunca imaginei sair da Venezuela. Costumava visitar outros países durante as férias. Tinha o objetivo de conhecer novas culturas e pessoas diferentes, mas sem cortar o vínculo com meu país de origem. Apesar de adorar esse intercâmbio, era maravilhoso poder voltar para casa.

Minha viagem para o Brasil foi preparada em um mês devido à crise e à minha urgência de novas possibilidades profissionais. O fim de um relacionamento de um ano me ajudou a tomar a decisão. Nunca tive carência material no meu país na infância e na juventude, mas, da noite para o dia, tudo mudou. Mesmo tendo um emprego bom e estável, me sentia miserável, pois meu poder aquisitivo não era suficiente para as minhas demandas e as da minha família. Nos últimos dez anos, morei em uma cidade distante três horas de onde nasci. Mas a possibilidade de rever a família a poucas horas e o fato de estar vivenciando a mesma cultura faziam-me sentir confortável com essa condição.

Em meio à situação caótica que vivia, não pude recusar a oferta do meu amigo. Recebi uma proposta de viagem para o Brasil. Não tive muito tempo para pensar. Em poucos dias estava em Boa Vista, capital de Roraima. Nunca vou esquecer a minha chegada. Eram

21 horas. Não conseguia enxergar bem a cidade, mas sabia que tudo era diferente.

Colocar em prática cada pequena decisão, como estrangeiro, significava um desafio. Eu não conhecia uma palavra sequer em português, mas tinha o apoio do amigo que fez o convite. Ele residia em São Paulo, mas havia viajado para me receber.

Tive o primeiro impacto de que havia cortado os laços com minha cultura. Estava iniciando uma nova vida do zero. Eu me dirigi ao setor de imigração e me senti coagido pela abordagem dos policiais federais. Hoje, penso que o maior choque se deu não pela atitude deles, mas sim pelo estado emocional em que eu me encontrava naquele momento. Se pudesse, desistiria de tudo e voltaria imediatamente para casa.

Quando vim para o Brasil, a imigração venezuelana não era tão grande. Fui tratado de modo mais razoável do que meus amigos e minha família atualmente. Os policiais escutaram qual era o meu objetivo, o de me estabelecer no país, e solicitaram que eu dissesse em qual estado pretendia morar. Só tinha Boa Vista como referência, mas hesitei dizer, porque até para mim era difícil saber como conseguiria me estabelecer na cidade.

Passei a noite no hotel, planejando procurar uma casa para morar. Estava muito ansioso. Foi um segundo choque acordar e ver como tudo era diferente. As pessoas, a língua, o próprio café da manhã, as casas e as ruas, que observei enquanto procurava um lugar para mim. Meu amigo de São Paulo já estava no Brasil havia um ano. Ele me deu todo apoio, embora não dominasse completamente a língua portuguesa. Percebi naquele momento que eu não queria mais continuar naquela situação.

Rodamos toda a cidade. Marcamos as opções nos classificados do jornal. Caminhamos o dia inteiro. Vimos dezenas de casas e, mesmo sem me agradarem, aprendi a dizer uma palavra que me causava angústia cada vez que a pronunciava: “obrigado”.

No final do dia, escolhi o local onde passaria sozinho minhas primeiras experiências como morador do Brasil. Consegui comprar um travesseiro, que foi meu conforto para que não houvesse apenas o chão para passar a noite. No dia seguinte, comprei os primeiros móveis. Cama, fogão e geladeira. O mínimo para sobreviver.

Meu amigo me acompanhou por Roraima durante três dias e retornou para São Paulo. Eu tinha contato com amigos e parentes distantes pela internet, mas nenhum contato pessoal. Minha vida era trabalho, alimentação e descanso.

A solidão e o isolamento começaram a pesar nesse momento. Percebi que estava vivendo meu luto. Luto em relação ao meu país e luto em relação aos sentimentos. Meu lado emocional não estava bem resolvido.

Pelo meu bem e pelo bem da minha família, entendi que não teria outra escolha a não ser estar ali. Boa Vista representava para mim toda a pressão que eu estava vivendo naquela época. Era uma cidade cinza, a meu ver. Em várias ocasiões eu chorava ao me dar conta de tudo aquilo que estava vivendo.

Fui tomado pelo desespero de estabelecer laços sentimentais mais próximos. Apesar de não ter condições financeiras, fiz questão de trazer alguns familiares para perto. Esse se tornou meu principal objetivo. Em seis meses, consegui. A situação de estarmos morando todos juntos era inviável, porém era a tábua de salvação para a depressão em que eu vivia. Durante esses seis primeiros meses, resisti a me aproximar de brasileiros, principalmente pela questão do idioma. Só conversava com venezuelanos e me sentia distante dos nativos.

Antes de os meus familiares estarem por perto, aprender português simbolizava para mim um afastamento da minha vida anterior. A aproximação deles me deu segurança para começar a aprender o idioma e conhecer as pessoas do Brasil. Falava o suficiente para ir ao mercado, ao banco e fazer coisas básicas.

Eu me vi em uma situação afortunada em relação a companheiros venezuelanos que conheci e com os quais fiz amizade. Muitos moravam nas ruas ou mesmo nas praças onde conversávamos. Criei uma rotina estável com minha família. Entre as pessoas que faziam parte dessa rotina estavam alguns brasileiros que passei a considerar amigos. Mesmo vivendo essas coisas boas, eu ainda sofria o peso da nova vida. Passaram-se 12 meses até decidir me mudar. Precisava de novas oportunidades profissionais. Eu me interessei pelo estado do Rio de Janeiro. Entrei em contato com outro imigrante venezuelano que me receberia, comprei a passagem e embarquei para o novo desafio.

Dessa vez fui obrigado a aprender o português. Não havia amigos que falassem espanhol para me apoiar. Era um lugar mais estranho do que aquele que eu conhecera em Boa Vista. Por estar mais acostumado com a sensação de viver em um local diferente, me senti mais preparado para alcançar os meus objetivos, mesmo morando sozinho. Esse entendimento me levou a me aproximar de pessoas que eram legais comigo.

Mas o luto ainda precisava ser enfrentado. A dedicação integral ao trabalho não me trouxe a paz interna de que precisava. Achei que no namoro encontraria remédio para as carências. Obviamente meus relacionamentos nesse período não deram certo. Não poderia transferir a responsabilidade pelo meu luto a outra pessoa. Por melhor que fosse, ela não preencheria esse vazio.

Entendi que era preciso aceitar a nova vida. Se eu devia ficar por aqui, que fosse da melhor maneira. Afinal, esse era o preço da escolha que havia feito.

Hoje em dia estou amando cada vez mais a cultura brasileira. Reconheci o Brasil como uma segunda casa. Estou muito agradecido por este país e por todas as pessoas que conheci ao longo desta história. Aprendi que não foi por culpa de Roraima que tive aquela má impressão inicial, nem mesmo pela postura dos policiais. As pessoas com quem me relacionei também foram vítimas do meu momento emocional. Elas simbolizavam todo o peso do luto que eu vivia sem me dar conta.

Mentiria se não admitisse que sinto saudade do meu país, mas aqui estou dando o melhor de mim a cada dia e sabendo que esse esforço está sendo recompensado. Estou aprendendo que é lindo demais o intercâmbio de culturas. Hoje me relaciono com uma pessoa brasileira e estou achando que é a melhor relação que já vivi, em grande parte por me sentir preparado sentimentalmente e por toda a aprendizagem que pude tirar das experiências que estou dividindo neste momento.

[]

O luto de uma família

Quando não houver saída
Quando não houver mais solução
Ainda há de haver saída
Nenhuma ideia vale uma vida

Sérgio Brito, "Enquanto houver sol"

Um placar de virada

WILLAMS AMARAL NOGUEIRA

Sou pernambucano, nasci em Cabo de Santo Agostinho e venho de uma família pequena. Morava com minha mãe, meu pai e meu irmão. Mas não cheguei a conhecer minha mãe biológica — ela faleceu quando eu ainda era bebê. Também não conheci meu irmão. Ele morreu afogado.

Com o falecimento da minha mãe, fui morar com meu pai. Mas pouco tempo depois ele arrumou outra esposa, e eu não consegui me adaptar. Ela já tinha um filho de outro relacionamento e me tratava de forma diferente. Por causa disso, discutíamos constantemente. Meu pai passava o tempo todo fora de casa, não sabia o que acontecia, e optei por morar com minha avó.

Nessa época, fiz amizade com pessoas que moravam na rua. Eu passava mais tempo brincando com eles do que em casa. Foi então que decidi sair da casa da minha avó e morar no centro de Recife, na Praça do Diário.

Passei dois anos morando nessa praça. Foi um período muito difícil, apesar de fazer tudo o que queria e de ter liberdade. Morar na rua não é fácil. Passei por várias dificuldades. Dormia no chão, sofria com os preconceitos (que existem, e demais!). Não tinha ninguém para me orientar. Era bem ruim morar na rua. Eu era muito novo e não tinha noção da minha idade.

Depois de um tempo, passei a não querer mais ficar naquela situação. Foi quando eu pedi ajuda a umas pessoas que davam alimentos para a população de rua. Uma policial — nem sei o nome dela — me ajudou. Chamou uma viatura e os policiais me perguntaram sobre a minha família. Eu disse que tinha apenas minha avó e meu pai. Me levaram para o Conselho Tutelar e fizeram meu primeiro abrigamento em uma casa de passagem, um local provisório, até que um juiz determinasse um abrigo definitivo em Recife.

Passei por uns cinco abrigos. Eu achava que lá minha vida ia melhorar. Mas a única coisa que mudou foi que eu não estava dormindo nem no chão nem na rua. Agora tinha uma cama e um quarto compartilhado. Era muito difícil, pois os educadores do abrigo não controlavam as pessoas que estavam ali. Elas faziam o que queriam. Na verdade, mandavam na casa.

Um tempo depois, fui transferido para um abrigo da ONG Pão da Vida, na cidade de Igarassu. Foi meu último abrigo. Tinha um perfil um pouco diferente dos outros. Lá eu voltei a estudar, comecei a frequentar a igreja, fiz novas amizades. Minha vida começou a mudar de verdade.

Eu tinha chegado ao Pão da Vida com 12 para 13 anos (confesso que nunca sei com precisão). O tempo foi passando e, em um belo dia, recebi a notícia da perda do meu pai. Bom, eu já tinha perdido meu irmão, minha mãe e agora meu pai também. Tanto ele quanto a minha mãe faleceram de câncer. O abrigo me autorizou a ir ao velório dele. Pude, então, finalmente, reencontrar a minha avó, que eu não via fazia anos e já estava muito idosa e doente. Encontrei também meu primo e minha tia.

Após o enterro, voltei para o abrigo, e o pessoal da Vara da Infância entrou em contato com minha avó para saber se haveria a possibilidade de ela me receber de volta. Quando estava tudo certo para eu voltar para a casa dela, ela faleceu também. Foi então que me dei conta de que estava sozinho no mundo. Acho que eu já devia estar na faixa dos 14 anos.

O pessoal da Vara da Infância sempre checa se há condições de um retorno do menor ao lar. Enquanto existe uma pessoa viva na família, eles fazem contato. Foram procurar minha tia, que tinha um marido e um filho. O marido pediu que ela escolhesse: ficar com ele ou comigo. Ela acabou escolhendo o marido e não quis me receber na casa dela. Foi bem difícil para mim, mas tive que aceitar. Agora, eu só tinha aquele abrigo.

O tempo foi passando. Completei 15, 16, 17 anos e estava sem uma família. A expectativa de conseguir ser adotado nessa idade é bem pequena. Existe na sociedade esse preconceito: as pessoas só querem adotar bebês de até 3 anos.

Eu já estava fazendo planos na minha vida. Tinha começado a trabalhar. Trabalhava o dia todo e estudava à noite. Na minha cabeça, eu ia completar 18 anos, sair do abrigo e alugar um quartinho para morar só. Minha expectativa de vida era essa.

Foi então que recebi o convite para participar da Campanha Adote um Pequeno Torcedor, uma parceria pioneira do Sport Club do Recife com a 2ª Vara da Infância e Adolescência, cujo juiz titular era o dr. Élio Braz. Participaram dessa campanha 42 jovens de 7 a 18 anos. E eu era o mais velho.

Eu nunca tinha ido a um estádio de futebol. Quando me disseram que eu ia assistir ao jogo do Sport Club, fiquei bem feliz. No abrigo, não sabemos o que está acontecendo do lado de fora. Não somos inseridos como cidadãos na sociedade. Esse direito, que é de todos, costuma ser desrespeitado.

Os preconceitos muitas vezes partem dos próprios educadores. Uma vez, ainda no abrigo, eu tinha brigado com um dos meus amigos em um jogo de futebol, e uma educadora disse para mim: "Você acha que vai ser adotado assim?! Com esse comportamento?!" Isso me feriu por dentro. Ao invés de me apoiar, me dar carinho e conforto, ela veio com pedras na mão. E jogou. Isso me tocou bastante. Foi um momento de que me lembro até hoje.

Achei que essa campanha não ia dar em nada, até que vi uma reportagem que contava que dois jovens tinham sido adotados. Eu fiquei muito feliz por eles e, ao mesmo tempo, fiquei triste por mim. Tive a sensação de que tinha sido esquecido mais uma vez e estava ficando para trás. Foi então que a diretora do abrigo me chamou para conversar. Ela me disse que tinha uma notícia muito boa para me dar. Pensei: "Não vou sentar, não vou chorar. Aqui tem um homem, pode falar". E ela me disse: "Uma família de Belo Horizonte te adotou". Ela já veio com esse termo. Não tinha nem acontecido audiência, e ela já tinha falado em adoção. Ela não disse "quer te adotar", "pensa em te adotar"... E aí, naquele momento, eu sentei e comecei a chorar. Fiquei feliz demais. Era a oportunidade da minha vida. Não conhecia nada sobre os meus pais, mas, quando ela falou, eu disse logo: "Quero essa família para mim". Era a única oportunidade que eu teria na vida, e eu não podia deixar passar. Era meu sonho, meu desejo, ter uma família.

Foi maravilhoso participar daquela campanha! Foi extremamente importante na minha vida para que eu pudesse ser adotado. Aquele projeto me deu visibilidade, me deu voz. Todos os meninos que estavam ali, participando do projeto, puderam dizer que queriam viver em um ambiente familiar. Sei que existem, ainda hoje, pessoas que são contra esses projetos. Gostaria de dizer que essas iniciativas são bastante importantes. Se elas não existissem, eu não estaria aqui, com minha família.

Estou muito feliz com essa família maravilhosa que me acolheu tão bem. Minha chegada foi ideal — parecia que eu sempre tinha estado ali. Era como se eu estivesse em férias em Recife e, como acabaram, eles foram lá me buscar para retornar à minha casa. Foi tudo de uma forma tão natural que não vimos diferença. Cheguei em casa, subi para o meu quarto, caí na cama e desmaiei — estava muito cansado. Depois disso, fizeram um almoço para me receber. Todos se juntaram e me deram presentes.

Eu tinha passado seis anos em um abrigo sem receber uma visita. Eu via a família de alguns colegas fazer visitas, levar amor e carinho, e eu não tinha ninguém. Em períodos de festas, Natal, por exemplo, eu ficava triste demais. Era muito difícil para mim. Entrava no meu quarto e começava a chorar. Eu me perguntava se um dia eu teria uma família. Nunca tinha sido nem apadrinhado. Não sabia ler direito, não sabia matemática. Eu ia à escola, mas não tinha acompanhamento. Imagina uma pessoa de 17 anos sem esse apoio! Não tínhamos orientações nem sobre sexualidade, que é um ponto bem importante. Não havia psicólogo nem assistente social para acompanhar a gente.

Existe um monte de jovens que viveram traumas, lutos e ainda estão tentando trabalhar. Passei por muitas coisas difíceis nos abrigos, nas ruas, todas essas perdas dos meus familiares sem apoio nenhum. Hoje, tudo que passei foi compensado. Tenho uma família maravilhosa, trabalho em uma grande empresa, terminei o Ensino Médio, faço faculdade de Administração em uma grande universidade (PUC-MG), fiz várias amizades, tirei carteira de motorista e conquistei várias coisas na vida. Tudo isso só foi possível porque tenho uma família do meu lado, que é minha estrutura e minha base. Ela é a base do sucesso que tenho.

Atualmente almejo coisas grandes. Quero terminar a faculdade, fazer pós-graduação e cursos que me ajudem profissionalmente. Quero coisas grandes! Hoje sou muito feliz!

É possível a adoção de adolescentes e jovens em uma faixa etária mais avançada —sou uma prova viva disso. Não há idade certa para ser filho. Eu consigo ser filho com 22 anos, com 1 ano, com 15 anos. E quem quer ser pai e ser mãe também consegue ser em qualquer idade. Para viver em um ambiente familiar não existe idade.

O luto da minha mãe biológica foi o que mais me tocou, porque eu cresci sem mãe. Eu sentia falta dela, não me lembrava do rosto dela. Não tinha fotos dela, e isso me deixou um vazio. Queria ter tido o colo dela. A perda da minha avó também foi difícil — mesmo com toda a simplicidade com que vivíamos, ela fez de tudo para me dar do bom e do melhor. Ela não tinha instrução, mas me deu muito amor e carinho. Essas foram as perdas que mais me marcaram.

Sempre tentei não olhar muito para o meu passado. Sei que nós não conseguimos apagar a própria história. Mas não gosto de focar no meu passado; gosto de focar no meu presente. Mesmo assim, essas perdas me tocaram bastante. Eu não conseguia entender por que meu pai sabia que tinha um filho perdido no mundo e não ia tentar saber onde eu estava. "Será que ele está bem? Será que está preso? Onde está morando? Será que está vivo?"

Fiquei com isso durante um bom tempo na minha cabeça. Sempre esperava que um dia ele estivesse na porta do abrigo para me buscar. Talvez ele tivesse os motivos dele. Talvez já estivesse doente. Só vim trabalhar esses lutos agora, com minha mãe adotiva.

O luto por desaparecimento

Aonde está você agora
Além de aqui dentro de mim?

Renato Russo, Dado Villa-Lobos e Marcelo Bonfá,
"Vento no litoral"

Saudade sem fim

JOVITA BELFORT

Eu me chamo Jovita Belfort. Sou mãe da Priscila Belfort, que desapareceu no dia 9 de janeiro de 2004, no Centro do Rio de Janeiro. Para falar a verdade, nem sei se ela desapareceu ali mesmo, mas foi vista pela última vez na avenida Presidente Vargas, no local onde trabalhava.

Era início de ano. O Rio de Janeiro ainda estava meio parado após o Natal e o *réveillon*, e as pessoas voltavam a trabalhar. Eu estava com ela na casa da minha mãe, na Gávea. Nós morávamos no Itanhangá. Em 22 de dezembro, meu filho, Vítor Belfort, tinha se casado com Joana Prado. Estavam no Rio, na nossa casa, pois em janeiro ele viajaria para os Estados Unidos para lutar pelo cinturão de MMA, e na época atuava pelo UFC. Havia muitas pessoas na minha casa naquele período: Vítor, Joana, a mãe dela, os treinadores, os *sparrings*... Então, como a casa era pequena, eu e Priscila fomos para a minha mãe, na Gávea.

Vítor tinha esquecido o carregador do celular e acabou ficando com o nosso. Então, quando a Priscila chegava ao escritório, dava carga no seu telefone. Nessa época, ela namorava um rapaz que trabalhava no mesmo lugar que ela.

Eu precisava levar à despachante o passaporte do treinador do Vítor e de mais dois *sparrings* que iam com ele para os Estados Unidos, para dar entrada no consulado e obter o visto. Como eu estava saindo, disse à Priscila que a deixaria na porta do seu trabalho. Nesse dia, por acaso, ela não queria ir trabalhar, porque estava com cólica. Nossa família, embora bem saudável, tem um problema sério com cólica. A Priscila chegou a tomar um remédio de manhã e já estava perto de tomar outro. Mas eu argumentei: "Priscila, seu chefe já está com tão poucos funcionários e você é secretária dele. Vá, faça o que tiver de fazer e volte". Eu a deixei na Presidente Vargas no lado contrário do trabalho dela. Ela desceu, o sinal fechou, e ainda a vi atravessando a rua. Demos um tchau, e ali, para mim, acabou a história da Priscila, pois foi a última vez que a vi.

Ali começou minha saga. Deixei a Priscila no trabalho, deixei as coisas no escritório da Sílvia, nossa despachante, voltei para a casa da minha mãe e fiquei esperando o telefonema para ir pegar os passaportes.

Nesse meio-tempo, o namorado da Priscila me ligou; já estava na hora do almoço. Ele queria falar com a Priscila, e eu disse que ela estava no trabalho. Ele respondeu que estava na rua, que havia subido para se encontrar com a Priscila, mas não a viu. Respondi que ela devia ter descido para almoçar. Logo depois eu tentei ligar para o celular da Priscila, mas não consegui falar com ela.

O tempo foi passando... Liguei para o trabalho dela, e me informaram que ela tinha descido para almoçar, mas não voltara. Comecei a sentir algo estranho. Liguei para a minha irmã que trabalha na Petrobrás e pedi que fosse até perto do trabalho da Priscila para saber se tinha acontecido alguma coisa, algum acidente. Expliquei que ela não voltara do almoço, não ligara e não atendia o celular. Cássia foi, mas um guarda lhe informou que não havia ocorrido nada por ali. Liguei para o Corpo de Bombeiros, e me informaram que não haviam recebido nenhum chamado naquele dia.

Antes de irmos para a casa da minha mãe, a Pri tinha passado uns dez dias na casa do namorado, no Recreio dos Bandeirantes. Então liguei para a casa dele tentando saber se ela tinha ido lá. Fui informada de que não tinha ido nem havia ligado. Comecei a fazer algumas ligações. A rede de amigas da Pri era muito antiga. Liguei para as mais próximas perguntando se ela tinha ligado. Todas disseram que a Priscila tinha uma característica diferente: se uma delas estivesse gripada, era a única que ligava no dia seguinte para saber se a amiga tinha melhorado da gripe. Era bastante carinhosa e preocupada com todos, mas não ligara para nenhuma amiga.

As horas passavam e eu ia ficando mais nervosa — aquilo não era uma atitude normal dela. Liguei para Joana e disse que estava acontecendo uma coisa estranha, mas não queria alarmar o Vítor, porque ele estava em pleno treinamento para conquistar o cinturão. Isso era muito importante na carreira dele. Avisei que esperaria até as 18 horas. A Priscila poderia ter encontrado alguém na rua e esquecido de avisar. Com as ligações da Sílvia para me avisar sobre os passaportes, foi possível fazer um cronograma e ver o momento em que comecei a dar falta da Pri, depois da ligação do namorado. Perto das 18 horas, liguei para a Joana e pedi que avisasse o Vítor para vir ao meu encontro.

Quando uma pessoa morre, você sabe o que fazer, mas, quando as horas passam e sua filha não chega, você não sabe o que fazer nem aonde ir. Você quer gritar para o mundo: "Onde está a Priscila?" — e não tem esse poder. Vítor chegou entre as 19 e as 20 horas. Uma amiga da Priscila já estava em casa. Vítor decidiu ir à delegacia. Como já era uma pessoa conhecida e muita querida, ele teve grande respaldo dos amigos na delegacia, que lhe deram orientações. Fez um boletim de ocorrência do desaparecimento na 14ª Delegacia Policial.

O namorado da Pri veio para a minha casa à noite. Todos saíram a esmo, à procura dela. Eu rodei pelo Rio de Janeiro até de madrugada, sozinha no meu carro, desesperada, olhando em cada canto. Depois, fui para a casa de uma amiguinha dela, antes de ir para a minha, onde todos se encontraram.

Isso foi numa sexta-feira. Sábado e domingo ninguém faz nada, e isso dava uma baita angústia. No desespero, Vítor agitou as redes sociais. Como ele e Joana tinham acabado de se casar e estavam na mídia, a imprensa veio logo. A partir daí, o país inteiro soube do caso da Priscila. Seguindo orientações da polícia, não coloquei meu telefone pessoal nos pedidos de busca, e sim o telefone da polícia. Não adiantou. Uma vez recebi um pedido de resgate horroroso, mas depois descobriram que vinha do Complexo Penal de Bangu.

Todas as ligações estavam monitoradas, o que nos aliviou bastante. Quando a gente dá o número do próprio telefone, recebe muitos trotes. A própria polícia foi a vários locais por causa deles. Como não divulguei meu telefone, não passei por isso diretamente.

Nessa época, no Rio de Janeiro, ocorriam vários sequestros-relâmpago, alguns seguidos de morte. Um caso parecido, felizmente sem morte, aconteceu no estacionamento da Pontifícia Universidade Católica — um rapaz fora sequestrado e levado ao Morro da Providência. Lá ele ouviu que tinham pegado a irmã do lutador Vítor Belfort e, como o caso tinha repercutido muito, eles a mataram. Esse rapaz conseguiu fugir e foi direto para a Delegacia Antissequestro, onde o caso da Priscila passou a ser investigado, tomando outro rumo. A partir daí, elaboraram o perfil dela. Chamaram familiares, amigos e pessoas do trabalho para coletar informações e fazer levantamentos.

Conheci o Disque Denúncia, que naquele tempo não trabalhava com pessoas desaparecidas. Oferecemos a quantia de 10 mil reais para quem tivesse alguma pista. Chegaram várias denúncias, mas nenhuma com fundamento.

O tempo foi passando... Vítor ganhou o cinturão, Joana engravidou, teve neném... Fiquei muito depressiva, especialmente nos cinco primeiros anos. Não conseguia nenhum apoio aqui no Rio. Fui para São Paulo encontrar as Mães da Sé. Também conheci o Clube das Mães do Brasil, onde coloquei o cartaz do desaparecimento da Pri.

Começaram a surgir diversos casos de pessoas desaparecidas, e o *Fantástico* fez uma reportagem a esse respeito. Quatro casos de pessoas desaparecidas foram solucionados, e se pensava que se tratasse dela. Imagino que a Priscila teve uma missão: levou para casa várias pessoas... só ela não voltou.

Cheguei à conclusão de que os registros de óbito no Brasil são negligenciados. É uma denúncia que faço e levarei comigo até morrer. Não há dignidade na morte do brasileiro, principalmente na dos mais vulneráveis. Vim a saber da quantidade de pessoas enterradas como indigentes. Talvez eu me vá sem saber o que aconteceu com a Priscila. Mas a gente não desiste, e eu vou continuar procurando uma resposta até o fim.

Tive conhecimento de um caso muito intrigante. Uma mulher procurou a TV Globo dizendo que a turma dela tinha matado a Priscila, lá em São Gonçalo, para sanar uma dívida do namorado dela com o tráfico. Em uma das motos havia um crânio que ela dizia ser da Priscila. Coisas mórbidas aconteceram no caso da Pri. Escavaram o local onde informaram que o corpo estaria, mas eram ossos de animais. Também investigaram corpos queimados, mas o DNA mostrou que não era a minha filha.

Não existia estrutura alguma para fazer investigações de DNA. Só a Universidade Estadual do Rio de Janeiro realizava esse teste, e o volume do material recebido era muito grande. Como queriam fazer mudanças no Código Penal, fomos a Brasília. Conseguimos uma audiência com o então ministro da Justiça. Soubemos que já havia aparelhos para fazer o teste de DNA na polícia, embora estivessem quase enferrujando. Cobrei para que fossem colocados em uso. Argumentaram que faltava dinheiro, mas por fim conseguimos que a polícia iniciasse o serviço. A maioria dos pedidos de DNA refere-se a pessoas desaparecidas.

Foram tantos casos angustiantes... E eu pensava: "A única maneira de estar perto da minha filha é lutar contra essas injustiças". Não é justo uma mãe passar pelo que eu passo. Não há saúde que aguente... Eu sou um milagre por não ter morrido. Engordei, fiquei diabética, tenho quatro *stents*. Várias vezes senti vontade de sumir deste planeta. O que me move hoje, o que me faz ficar em pé, é lutar, é fazer justiça não só pela Pri, mas por todas as pessoas que desaparecem. Depois de 19 anos, o caso da Priscila está parado; só será reaberto se aparecer alguma novidade.

Criei uma delegacia que só aceita casos novos de desaparecimento. Mas não me importa que sejam apenas casos novos. Hoje eu não luto só pela Pri; luto pelo que ela representa, que é o desaparecimento. Porém, ainda vou lutar para que a delegacia tenha um núcleo voltado para os casos antigos. São inúmeros, e a gente precisa de uma resposta, eu preciso de uma resposta. Não sei se a receberei, mas gostaria demais que houvesse mais gente lutando. Mãe de desaparecido não pode morrer nem ficar doente: eu sou a Priscila; nós somos a voz dos nossos filhos.

Tudo no desaparecimento é perverso. Não temos descanso. Não fazemos parte do "grupo dos vivos" nem do "grupo dos mortos". Todos os dias eu enterro a Priscila. Todos os dias de manhã eu renovo a minha esperança, mas todas as noites eu enterro a Priscila.

Sabe o que se passa na cabeça de uma mãe de uma filha desaparecida? Há 19 anos não sei se ela está viva ou se está morta, se está comendo, se está bebendo, se tem ao menos uma marquise como teto, se tem uma cama, se está sendo maltratada, se está sendo estuprada todos os dias, se está com uma família do bem, se está com um tarado... Há uma mão em volta do meu coração que o aperta todos os dias. É lógico que eu busco momentos alegres e me deixo levar por eles — com os netos, com meu filho, com minha nora, com minhas amigas, com as outras mães, quando sei que algum desaparecido voltou para casa... Aliás, quando um volta para casa, a impressão é de que todos voltaram para casa. Essa dor é tão profunda, tão sem igual, que tirar um deles da lista é muito bom.

Tive medo de que as recordações saíssem da minha memória. O tempo apaga a memória da gente. Talvez por isso eu pense todos os dias na minha filha — para que a memória não seja apagada. Eu me lembro da Priscila como se ela estivesse aqui do meu lado. Lembro-me do cheiro, da voz, do olhar dela. Mas não tenho como pôr uma flor no cemitério. Em todas as religiões e em todas as civilizações existe uma maneira de reverenciar os mortos, mas não há uma maneira de reverenciar um desaparecido — você só tem sua dor e seu sofrimento.

Pode a história de uma pessoa de 28 anos acabar assim? Lembro-me dela no carro comigo, indo para o trabalho; lembro-me dela abrindo a porta; lembro-me dela passando em frente ao meu carro; lembro-me dela atravessando a rua e me dando um tchau.

[]

O luto por infertilidade ou esterilidade

Eu não quero e nem peço para o meu coração
Nada além de uma linda ilusão.

Custódio Mesquita e Mário Lago, "Nada além"

Barriga oca

MARIANA MAGALHÃES

Esta é a história do luto de um filho que não vingou, de um corpo que não gestou, de uma barriga que não cresceu. Uma história comum a muitas mulheres.

Passei anos tentando engravidar, naturalmente e por meio de tratamento. Àquelas que não conseguem tal façanha, deram o nome de "tentante". Não quero esse nome para mim.

Inúmeros *sites* e blogues mostram às "tentantes" o que elas estão fazendo errado para que a gravidez não aconteça. Nós, as tentantes fracassadas. Nós, que não temos ideia de como conceber um bebê. Nós, idiotas, culpadas por falharmos.

Não me sinto fracassada nem culpada, nem acho que falhei. Sabe-se lá por quê, meu corpo não consegue ter um filho e me dói precisar encarar isso. Às vezes, ainda tenho raiva. Em outras, muitas, tenho esperança. Mas não me sinto responsável por isso — são as facticidades da vida em que somos lançadas. Eu fui uma desejante e uma "lutante". Foi o desejo de ter um filho e gestar um bebê que me fez ter força para viver por dois anos o tratamento da fertilização *in vitro*.

Sempre quis ser mãe. Desde novinha me imaginava cheia de filhos... tantos quantas mãos disponíveis houvesse para ampará-los. E não gostei nunca de boneca, nem nunca dramatizei minha maternidade através dos brinquedos. Aliás, sempre que pensava em filhos, eu os imaginava mais crescidos. Vinha-me a imagem de um típico almoço de domingo com a família reunida, namoradas ou namorados presentes, troca de novidades, reflexões sobre coisas do mundo, muita filosofia, garrafas de vinho e gargalhadas à beça. Sonhava também como seria o dia em que eu me descobriria grávida: a menstruação atrasaria, eu sentiria sensações estranhas no corpo e faria um teste de farmácia para acelerar a resultado. Então, o coração pararia por um breve segundo, frio na barriga, olhos arregalados, lágrimas escorrendo sem controle, beta-HCG positivo. Quantos sonhos...

Em 2010, fui morar com meu marido. Embora ele soubesse do meu desejo de maternidade, ainda não falávamos no assunto. Mas, em 2011, um exame de rotina identificou em mim um adenomioma. Minha ginecologista me informou que, se eu desejava ter filhos, seria bom me apressar. Faríamos exames para ter certeza do diagnóstico e, caso se confirmasse, a histerectomia seria a única forma de cura permanente. Saí da consulta trêmula. Minha médica acabava de anunciar que havia a possibilidade de eu precisar retirar o útero.

Quando meu marido chegou em casa, eu estava pálida. Conversamos sobre o que ela me dissera, e ele retrucou que de forma alguma teria filhos naquele momento, pois achava que não estávamos prontos financeiramente para a chegada de um bebê — argumento típico do nosso tempo. Mas não se tratava de ter ou não ter dinheiro. O que eu queria dizer era que nós não poderíamos esperar se quiséssemos engravidar. E tínhamos condições, sim, mas isso foi indiferente. Penso que ele nunca quis ser pai. Quando fui fazer os exames solicitados pela médica, eu tinha uma certeza: teria um filho com meu marido, sem ele ou apesar dele. O desejo da gravidez sempre esteve em primeiro lugar, mesmo que isso significasse abrir mão de um casamento.

Aos 32 anos, naquela época, meus óvulos já estavam velhos, e eu ainda corria o risco de ficar estéril se aguardasse mais tempo para engravidar. Foi a primeira vez que me vi diante dessa impossibilidade. Foram dias sofridos até a chegada do diagnóstico final — uma biópsia não identificou o adenomioma.

Respiro...

No ano seguinte, retomamos as conversas e, enfim, convenci meu marido de tentarmos engravidar. Com o insucesso das tentativas, fui pesquisando como poderia identificar o momento exato da minha ovulação. No início, aprendi a reconhecer os sinais do meu corpo. Passei a medir a minha temperatura toda manhã, desde o primeiro dia do ciclo. Uma discreta elevação sinalizaria o momento da ovulação. Essa rotina era acompanhada de uma análise do meu muco cervical. Depois evoluí para os testes de ovulação que amigos traziam do exterior e, por fim, para um ultrassom seriado, a fim de saber o momento da ruptura do folículo. Não tenho dúvida de que dei uma surtada. Desde o diagnóstico do adenomioma, a ideia de não poder ou não conseguir ter filhos me aterrorizava. Mas nada acontecia. Além disso, durante todas essas tentativas, minhas amigas engravidavam. Algumas, mais de uma vez.

Dois anos depois, resolvi procurar ajuda médica. Já fazíamos parte do grupo considerado infértil — aqueles que não conseguem engravidar após um ano de tentativas. De início, começamos a investigação para identificar o que estava acontecendo.

Meu marido precisou fazer um ou dois exames. Eu fiz uma bateria. Hemograma completo, dosagens hormonais para avaliar a reserva ovariana, rubéola, toxoplasmose, sífilis, HIV, hepatite B, hepatite C, HTLV-1, HTLV-2, histeroscopia, histerossalpingografia, infecções vaginais, fator RH, sorologia, ultrassonografia transvaginal, hormônio antimülleriano, entre tantos outros de que já nem me lembro mais.

Todos os exames estavam ótimos; nenhum resultado justificava o motivo do nosso insucesso. Então, optamos pela fertilização *in vitro* (FIV).

Passei por três grandes clínicas no Rio de Janeiro. Na primeira, tive a felicidade de ser acompanhada por um médico que me ensinou absolutamente tudo sobre a FIV. Eu realmente conhecia todos os detalhes de cada parte do tratamento. Nunca fiquei sem resposta e ganhava de brinde aulas sobre todo o processo. Na segunda, embora estivesse sendo acompanhada por um médico renomado, presenciei erros gravíssimos mais de uma vez. Devia ter processado a clínica, mas o desgaste e o sofrimento já eram tão grandes que não queria mais essa cruz. Na terceira, fui acolhida de um modo muito bonito. Todos na clínica me conheciam: médicos, enfermeiros, recepcionistas. Todos me recebiam cheios de amor. Era impressionante ver como eles cuidavam dos pacientes. E isso é fundamental, pois o processo da FIV é bem sofrido.

Quando se começa um tratamento como esse sabendo que não há nada físico no corpo que impeça a gravidez, acredita-se que nada pode dar errado. Eu acreditei. Mas deu errado. Logo na primeira vez. Os embriões nem chegaram a ser colocados no meu útero, que não tinha a espessura adequada para recebê-los. Interrompe-se o ciclo e começa-se tudo de novo.

No tratamento da FIV recebemos bombas de hormônios para que vários óvulos evoluam. São injeções, geralmente aplicadas na barriga. Lembro que, em uma das tentativas, cheguei a aplicar quatro injeções por dia. Enquanto escrevo agora, me vem à cabeça a primeira vez que fiz isso. Minhas mãos tremiam. Meu marido quis aplicar as injeções, mas eu faria aquilo todos os dias e não poderia contar sempre com ele; eu mesma teria de aplicá-las. Confesso que essa parte não foi difícil. Com tantas expectativas malogradas e recomeços esperançosos, as agulhadas se tornaram tão naturais que faziam parte do meu dia a dia, como qualquer outra tarefa rotineira.

Mas as angústias só aumentavam. Tudo no tratamento da FIV é caríssimo, inclusive os remédios. Se uma tentativa falha, precisa-se começar tudo de novo. Consequentemente, o mesmo ocorre com os gastos. Além disso, gasta-se para congelar embriões e para descongelá-los; gasta-se para fazer exames mais específicos e mais caros. Gastos, gastos, gastos. Além de todas as dores, ainda era necessário calcular todos eles.

Entre mudanças de clínica, em dois anos eu fiz seis tentativas. E não foi porque eu espaçava meses para tentar de novo, mas porque várias vezes tivemos que interromper o processo em função de alguma inadequação do corpo.

Ao todo transferi dez embriões. Quatro vezes tentei gêmeos. Os dois últimos eu já sabia até o sexo. Foram as vezes mais doloridas. Numa delas morreu Alice, noutra morreu Henrique. Saber o sexo dos "bebês" e ter um nome para eles deu outro contorno ao processo. De alguma forma eles se materializaram.

Quando fazemos a transferência dos embriões, saímos da clínica "grávidas". De fato, ainda não houve a nidação do embrião no útero, mas ele já está lá! Então esperamos duas semanas para fazer o teste de gravidez e receber o tão sonhado resultado positivo. Nessas semanas, eu não bebia nada alcoólico, lia sobre todas as comidas que deveria evitar. Não carregava peso. Tentava caminhar o mínimo possível, especialmente nas primeiras tentativas. Pensava no quarto do bebê e na decoração. Ficava imaginando como faria para amamentar os gêmeos: ao mesmo tempo ou um de cada vez? Li sobre isso. E fui descobrindo várias técnicas. Por se tratar de gêmeos, compreendi que, se os amamentasse separadamente, passaria o dia em cima de uma cama como os peitos para fora. Várias vezes eu cantei para a minha barriga e toquei piano para ela.

Nunca vou esquecer o dr. Roberto, poucos dias antes de eu fazer minha última tentativa. Ele conhecia toda a trajetória do meu tratamento e estava realizando uma ultrassonografia antes de eu fazer a transferência do embrião. Henrique — o filho cujo sexo eu já sabia — se desenvolvera da melhor forma possível, e meu endométrio estava no melhor estado. Tudo era completamente perfeito! Dr.

Roberto olhou para mim com os olhos embargados e me disse que eu não podia imaginar a tristeza que a equipe de médicos sentia por eu não ter conseguido até então. "Eu queria muito te dizer o motivo, Mariana, mas não sei." Infertilidade sem causa aparente, diziam. Foi aí que decidi a hora de parar. Não suportava mais aquele sofrimento e tanta frustração.

Poucos puderam entender genuinamente a minha dor e a minha tristeza. Eu só pensava que tinha um corpo morto, incapaz de dar vida a uma vida. Mas ninguém nunca reconheceu o meu luto. Não tenho uma data que marque a morte dos meus filhos. Não tenho um corpo para velar. Não tenho um túmulo para visitar. Não conheço o rostinho dos meus bebês. Não tenho nenhuma história bonitinha ou engraçadinha para contar sobre eles. Não acordei de madrugada com seus choros. Não me desesperei com um tombo. Não os amamentei. Então, para a sociedade, eu nunca fui mãe. Mas fui. Fui mãe de dez filhos e perdi todos eles.

O luto de um país

Ainda se entende a imortalidade como uma espécie de vida que adquirimos da memória humana [...].

Denis Diderot, *Immortalité*

Luto verde e amarelo

MARCUS VINÍCIUS PAVAN

Domingo. Este era um dia para nos reunirmos com os familiares em torno da mesa e saborear uma bela macarronada, depois de assistir a um dos maiores esportistas que nosso país já teve. Um brasileiro que tinha no DNA um patriotismo muito presente. Um homem que se orgulhava do seu país e não desistia dos seus sonhos. Um homem dedicado, honesto, correto e esforçado, apaixonado pela sua profissão. Era uma honra vê-lo aos domingos dando o máximo para conquistar o degrau mais alto no pódio. Esse brasileiro se chamava Ayrton Senna da Silva.

Por causa desses adjetivos e características, Senna não era considerado apenas um piloto, mas um exemplo para todos nós. Era um herói que competia com pilotos de vários países e encarava qualquer problema na pista para ser o número 1. Senna desejava ser um vitorioso ímpar no que fazia e se empenhava bastante por essa meta.

Para nós que o admirávamos, era sagrado acompanhar a *performance* desse campeão, bem como é sagrado para muitos ir à missa aos domingos. Sabíamos que ele daria tudo nas pistas para honrar o nome do Brasil no exterior. Nós o achávamos um super-herói que pretendia superar os desafios, as próprias limitações e ser o melhor do mundo. Nós o víamos como um esportista destemido e imbatível nas pistas. Jamais imaginávamos que pudesse acontecer alguma coisa com ele, muito menos um acidente grave ou fatal. Porém, após diversas vitórias e conquistas do homem que era tido como um dos maiores pilotos da história da Fórmula 1 — ou o maior piloto de todos os tempos —, o pior aconteceu.

No final da temporada de 1993, Senna anunciou sua transferência da equipe McLaren, na qual conquistara inúmeras vitórias e o tricampeonato mundial, para a Williams, em que pilotaria o carro "do outro planeta". Nesse mesmo ano, a Federação Internacional de Automobilismo (FIA) impôs uma série de mudanças técnicas na categoria máxima do automobilismo, proibindo vários componentes eletrônicos que a Williams também utilizava em seus carros. Para surpresa e frustração da equipe e de Senna, o carro de 1994 era bem diferente daquele dos anos anteriores. Como dizia o próprio Senna, o carro estava "nervoso e muito arisco, quase inguiável".

Disputado no circuito de Ímola, na Itália, o Grande Prêmio de San Marino foi realizado em 1º de maio de 1994. Um fim de semana macabro para o mundo esportivo, para a Fórmula 1 e para todos os fãs do esporte. Dois dias antes, nos treinos livres no mesmo circuito, havia acontecido um acidente horrível com o piloto Rubens Barrichello. Por sorte, ele escapou com ferimentos leves. No dia seguinte, sábado, o piloto austríaco Roland Ratzenberger, em sua terceira corrida pela F1, sofreu um acidente a 317 quilômetros por hora e morreu na pista. Com mais esse acidente, uma atmosfera pesada pairava no local.

Senna, já ressabiado com todos os problemas de dirigibilidade do carro, com o seu pior desempenho em comparação com o dos concorrentes e com sua falta de pontuação nas corridas anteriores, sentia-se pressionado a conseguir um bom resultado no Grande Prêmio. Todavia, após os acidentes, muitos duvidaram de que ele participasse da prova. Seu amigo Sid Watkins, médico da Fórmula 1, pediu a ele que não disputasse o GP, mas a autoexigência de Senna como piloto e os compromissos profissionais, que envolviam somas altíssimas de dinheiro, o levaram a concorrer.

Naquele dia, ele largou na *pole position*, seguido de perto pelo rival Michael Schumacher, que tinha um carro melhor que o da Williams. Logo na largada aconteceu outro acidente, resultando na entrada do carro de segurança, o que obrigou os pilotos a diminuir a velocidade. Após a retirada dos carros envolvidos no acidente, houve o reinício da prova. Senna tentava aumentar a vantagem sobre o piloto alemão, que vinha em segundo lugar. Na sétima volta, quando nosso campeão se aproximava da curva Tamburello, subitamente o carro raspou no chão, soltando fagulhas e guinando para a direita, saiu da pista e bateu com extrema violência contra o muro. Segundo medições posteriores, ele estava a 200 quilômetros por hora.

Com a batida, o tempo parou para mim; virou uma eternidade. Impossível acreditar no que estava acontecendo. Impossível o nosso super-herói — imbatível, único, o máximo — sofrer alguma coisa. Acreditei que ele sairia andando do Williams como se nada tivesse acontecido; isso já ocorrera em acidentes nos quais ele ficou ileso. Depois que o carro parou de se mover por inércia, Ayrton mexeu a cabeça e eu presumi que ele estava para sair sem nenhum problema — vivo. Não aconteceu. Não se mexeu mais. Os fiscais de pista aguardaram o carro médico chegar ao local, levando o dr. Watkins.

Percebia-se que o momento era crítico e o acidente, gravíssimo. Nervosos, apreensivos, todos torcíamos pelo melhor. Enquanto aguardávamos algum sinal de recuperação de Senna, intensificava-se a preocupação com o seu estado.

Senna foi levado ao hospital de helicóptero. Pouco depois, em uma das entradas do plantão da TV Globo, o repórter Roberto Cabrini informou que infelizmente o tricampeão tinha partido. O 1º de maio, feriado do Dia do Trabalho, transformava-se no dia da morte do grande brasileiro Ayrton Senna. Foi um dia terrível para o esporte, para o Brasil, para o mundo, para mim.

Após a notícia do falecimento, o país entrou em luto oficial de três dias, e o governo anunciou que lhe concederia honras de chefe de Estado. Morria o esportista que mais representava o amor pela pátria, que tanto orgulho tinha da sua nacionalidade.

Nessa época, eu trabalhava numa empresa a menos de um quilômetro da Assembleia Legislativa de São Paulo, onde se realizou o velório de Senna. No entanto, por mais que eu acompanhasse desde pequeno as corridas de Fórmula 1, fossem na Europa, no Brasil, no Japão ou na Austrália, não tive coragem de prestar a minha homenagem a ele. Eu estava arrasado, triste, em profundo luto.

Com a morte dele, os domingos e as corridas nunca mais foram os mesmos. Sentimos a dor de perder uma pessoa que era ao mesmo tempo próxima e distante. Como a maioria dos brasileiros que o admiravam, eu me identificava com ele, tinha por ele apreço, carinho e orgulho. Arrisco-me a dizer que a profunda tristeza não se abateu apenas sobre quem acompanhava a Fórmula 1. Acredito que todos os que se espelhavam no esportista e na pessoa de Senna também vestiram preto. Idosos, pessoas de meia-idade, jovens, crianças... Uma nação inteira em luto pela partida do ídolo. A lembrança ainda é dolorida. É um luto infindável.

Por uma das coincidências da vida, talvez destino, depois de muitos anos acompanhando as corridas e o próprio Ayrton Senna deixei de ser publicitário para me tornar fotógrafo especializado em esportes a motor. Hoje, quando entro em um autódromo, sigo os "passos" do nosso campeão. Sou um profissional perseverante, dedicado, correto. Faço meu trabalho com amor, com o objetivo evoluir constantemente como fotógrafo. Essas são algumas das coisas que carrego de Senna, além das cores do seu emblemático capacete. Uma saudade verde e amarela.

[]

O luto de Deus

Deus é o símbolo para a resposta à pergunta: quem sou?

Rubem Alves, *O enigma da religião*

Passagem

LEANDRO FREDERICO MARQUES

Um falecido amigo costumava dizer: “Uma fé que pode ser perdida precisa ser perdida”. Eu ouso parafraseá-lo: “Um Deus que pode morrer precisa morrer”, pois a morte de Deus é a salvação do homem. Não é essa, afinal — e paradoxalmente —, a afirmação central da fé cristã? Mas não é fácil matar Deus nem deixá-lo morrer. Mesmo estando já morto, não é fácil admitir e, eventualmente, aceitar essa realidade. É uma verdadeira luta. Um luto, no sentido mais próprio da palavra. Há de morrer algo em nós para aceitarmos tal morte. Precisamos morrer também em alguma medida; às vezes, por completo. Foi meu caso.

Cresci no ambiente de uma comunidade evangélica fundamentalista. Ali, eu fui ensinado, desde muito cedo, a odiar o corpo, o prazer, as emoções, o diferente, o inusitado, o proibido, o plural, o ambíguo, o duvidoso, o paradoxal, enfim, o “mundo”. Havia uma linha divisória que separava os perdidos dos salvos: estes são de Deus, aqueles, do Diabo. E como saber de que lado se está? Pelas escolhas morais. Quem ama a Lei de Deus e faz o certo é de Deus; quem ama o “mundo” e faz o errado é do Diabo. Os primeiros irão para o céu; os últimos, para o inferno.

O discurso era de amor e liberdade, mas a experiência era hostil e aprisionadora. A obsessão com a pureza e a retidão moral angustiava e adoecia. Havia uma canção, até hoje ensinada às criancinhas nas igrejas evangélicas, que traduz fidedignamente o sentimento:

Cuidado, olhinho, com o que vê
Cuidado, olhinho, com o que vê
O salvador do céu está olhando para você,
Cuidado olhinho com o que vê.

Cuidado mãozinha com o que pega
Cuidado mãozinha com o que pega
O salvador do céu está olhando para você,
Cuidado mãozinha com o que pega...

As reticências indicam que as estrofes não têm fim. Basta substituir o membro do corpo em questão e a função correspondente por outro membro, com sua respectiva função, e seguir cantando... É uma lavagem cerebral: não olhe, não toque, não ouça, não fale, não pise, não prove, não sinta, não pense, enfim, não seja. Deus está à espreita e irá castigá-lo.

São assustadoras a canção, a mensagem, a lógica da coisa toda! É assim que o cristianismo evangélico inocula nas pessoas o medo. E a culpa. Em última instância, também o ódio a si mesmas e a tudo que é considerado impuro, pecaminoso, desviante, faltoso, errôneo em alguma medida. Porque odiar o mundo — inclusive o "mundo" que existe em cada um — é a única forma de agradar a Deus e evitar sua ira. Eis a meta! Para aqueles que não a alcançam, a pena é o enfrentamento com Deus. Imagine a desproporção: de um lado, o Todo-Poderoso irado; do outro, o ser humano insignificante, recebendo o castigo infligido por ele.

No contexto de tal mentalidade, não convinha usar determinadas roupas, frequentar determinados lugares, andar na companhia de determinadas pessoas, adotar determinados comportamentos, dizer determinadas palavras, desejar determinadas experiências, sentir determinadas emoções, almejar determinados objetivos, pensar sobre determinadas coisas. Não. Não. Não. O segredo da vida virtuosa e agradável a Deus é a devoção absoluta, ou seja, o sumo sacrifício: amar a Deus acima de tudo e em detrimento de tudo, inclusive de si mesmo.

Eu era ainda pré-adolescente e tudo isso já me parecia absurdamente sem sentido. Como ninguém via?! Eu sofria calado, apavorado, asfixiado; solitário também. Não havia sequer com quem falar a esse respeito. Eu me sentia um alienígena. Simplesmente não me encaixava, por mais que tentasse. E eu tentei. Por longos anos eu tentei. Até porque era tentar ou abraçar a ira divina, o inferno de fogo ardente e o da rejeição de familiares e amigos.

Por todas essas coisas, viver foi se revelando para mim uma tarefa asfixiante e amedrontadora, cuja meta consistia em aguentar firme sem respirar, até cruzar a linha de chegada. O prêmio seria o ar puro e abundante da eternidade asséptica, sem pecado, sem sofrimento, sem impureza, sem diversidade, sem prazer, sem memória, sem saudade, sem nada; só Deus — desprovido da sua ira temível — e as almas que por ele foram salvas do inferno.

O céu sobre o qual eu ouvia falar assemelhava-se a uma UTI de hospital. Era esse o prêmio destinado àqueles que pagavam o preço de passar pela vida sem respirar? Era essa a eterna bem-aventurança? Mais que isso: que Deus era esse? Como esse Deus iria me salvar? Aliás, me salvar de quê? E que Evangelho é esse que é tudo menos boa notícia?

Para a cosmovisão cristã-evangélica, a vida é uma contingência incontornável, um mal necessário, um mero ensaio para a verdadeira vida na eternidade. Estamos aqui de passagem. Somos estrangeiros numa terra estranha, e o céu é nosso lar. Talvez eu tenha me tornado um pregador não para convencer as pessoas acerca dessas coisas, mas para tentar me convencer e, de alguma maneira bizarra, me submeter e me ajustar, na esperança, quem sabe, de encontrar algum consolo para a dor que sentia por querer viver e não conseguir. Curiosamente, no entanto, ao invés de fugir do que me maltratava, eu corri para mais perto ainda, como os bombeiros correm para dentro do fogo. Será que imaginava poder apagá-lo? Ou será que desejava ser consumido pelas chamas? Seja como for, acabei estudando teologia e, quatro anos depois, fui ordenado pastor.

A tradição judaico-cristã afirma que o homem foi criado à imagem e semelhança de Deus. Assim, se é verdade que o homem espelha Deus e se constitui a partir da imagem que tem dele, é verdade, em contrapartida, que Deus espelha o homem e é discursivamente constituído por este. Nessa correlação, um e outro são criador e criatura. Um e outro detêm a palavra que cria e significa a alteridade. Deus cria o homem a partir de si, e o homem cria Deus para si a partir de quem é.

Com efeito, para a pessoa de fé, o modo como compreende Deus determina o modo como se autocompreende. Deus e seu divino querer se tornam para ela o espelho em que se vê refletida e a partir do qual se pensa, se molda, se mede, se interpela, enfim, se relaciona consigo. Ou seja: sua identidade e seu comportamento decorrem da sua teologia. E vice-versa: sua teologia — vale dizer, a maneira como concebe Deus e se relaciona com ele — decorre, por sua vez, da sua identidade e do seu comportamento, pois a pessoa forma para si uma imagem de Deus com base na compreensão que tem de si, do próprio repertório de experiências e narrativas, dos seus valores, crenças e escolhas conscientes e inconscientes, além da forma como lê e interpreta algum texto sagrado. Portanto, sua autocompreensão determina a compreensão que tem de Deus tanto quanto é determinada por ela.

Ora, se Deus e o homem estão mutuamente referidos, mudar um dos termos dessa correlação muda necessariamente o outro. É como brincar numa gangorra: qualquer movimento de um lado reflete no outro. Daí que, ao vivenciarem uma experiência que lhes faça pensar e sentir Deus de outro modo, as pessoas mudam a maneira como se percebem e se comportam, tornando-se, de muitas formas, outras pessoas em relação às quais costumavam ser. Não é isso a conversão religiosa? Da mesma forma, à medida que vão vivendo, as pessoas vão mudando e vão também experienciando Deus mudar para elas, posto que passam a lhe atribuir novos sentidos e lugares em sua vida.

O Deus evangélico começou a morrer para mim quando começou a mudar a maneira como eu via as coisas, como percebia as pessoas e a mim mesmo. Duas experiências foram decisivas nesse sentido. Entre os anos de 2003 e 2007, vivi nos Estados Unidos. Depois de um ano em Austin, no Texas, me mudei para Chicago, onde fui trabalhar como pastor auxiliar de uma pastora cubano-americana em uma igreja multicultural e bilíngue. A diversidade que havia ali foi o que me fez aceitar o convite. Os cultos eram realizados em inglês e espanhol, a congregação se compunha de brancos, negros e latinos, havia gente de todas as idades. E havia Gery, o irmão gay da pastora, casado com David. Àquela época, era impensável para mim que as designações "gay" e "cristão" pudessem se aplicar a uma mesma pessoa! O Deus que eu conhecia não toleraria jamais tal despautério. A convivência com eles, no entanto, fez que meu olhar mudasse a respeito dessa suposta impossibilidade. Por que Deus rejeitaria Gery e David? Por que os excluiria do seu Reino? Por que os lançaria no fogo do inferno?

Outra experiência decisiva foi a de ter-me tornado amigo de Mustafá e Samantha. Éramos vizinhos. Mustafá, marroquino, Samantha, americana. Eles eram praticantes devotos do islamismo: observavam o calendário religioso, frequentavam a mesquita, vestiam-se tipicamente. Enquanto no Texas eu participei de um culto em homenagem aos soldados recém-chegados do Afeganistão, onde estiveram combatendo a diabólica ameaça islâmico-terrorista (uma generalização desrespeitosa e violenta, que ocasionou uma série de dificuldades para os imigrantes mulçumanos mundo afora), em Chicago eu compartilhava a mesa com essas pessoas amáveis e prestativas, que abraçavam com força, sorriam generosamente e cozinhavam de um jeito que perfumava o bairro inteiro. Eles viviam Deus de uma maneira que me seduzia. Na vida deles, Alá não me parecia uma ameaça, mas um convite. Sem falar que eu adorava as visitas à mesquita! Embora não entendesse uma palavra, os cultos em árabe eram inexplicavelmente belos aos meus sentidos!

Essas experiências me levaram a uma constatação um tanto óbvia, eu admito, mas nem por isso menos potente: há outros modos possíveis de compreender e viver a vida. Sim, é possível mais que uma única hermenêutica, é possível mais que um único arranjo existencial; existem vários jeitos legítimos de estar no mundo; existe mais de um nome para Deus! A vida é plural e pode ser diferente para cada pessoa — hoje eu diria que precisa ser. Como é a minha? Por que eu vivo como vivo? Por que me tornei a pessoa que sou? Por que escolho todos os dias continuar sendo essa pessoa? Será que eu poderia ser outra, diferente? Quão diferente? Então eu posso mudar? Como seria se eu mudasse? Como seria minha vida se eu a vivesse mais autenticamente? Como seria minha vida se eu ousasse ser eu mesmo? Quem eu sou mesmo?!

Havia anos eu convivia com uma estranha sensação de desrealização, como se minha vida fosse uma espécie de produção onírica sem concretude nem significado. Era como se eu habitasse meu corpo, mas não minha própria vida; como se eu estivesse vivo, mas de algum modo anestesiado. Eu sentia que havia algo muito errado. Eu o senti desde sempre, embora tivesse feito pouco a respeito. Faltava-me clarividência e repertório. Paulatinamente, no entanto, o incômodo gerado por esse mal-estar foi crescendo, até o ponto de não mais ser possível ignorá-lo. Eu sofria de dores constantes no corpo, de insônia, de falta de ar. Cheguei a pesar 123 kg, de tanta coisa que engolia sem digerir. Fui fazer terapia.

O encontro com meu próprio corpo, com a necessidade de sentir prazer, com minhas emoções reprimidas, com o diferente, o inusitado, o proibido, o plural, o ambíguo, o duvidoso, o paradoxal, enfim, com o "mundo" maldito e desprezível em mim, mudou tudo e me salvou. Pela primeira vez na vida eu me senti inteiro. Sou grato aos anos de terapia por isso. Sem ela eu provavelmente não teria acessado essa parte de minha pessoa que parecia ter sido amputada, como forma de proteção contra o Deus castrador e alérgico ao humano da cantiga infantil.

Por sinal, esse Deus já não fazia mais nenhum sentido para mim. Ele já estava morto e respirava apenas por aparelhos. Faltava desligá-los e declarar a morte, como acontece na prática médica. O problema é que, a essa altura da minha vida, eu já tinha uma trajetória como pastor, era casado e pai dos meus três filhos, e o meu sustento vinha da Igreja. Aliás, tudo o que eu era e possuía, tudo o que havia me tornado — para mal ou para bem — e tudo que havia conquistado, eu devia à Igreja e à teologia, em alguma medida. E agora? Como virar as costas para esse Deus que me fez ser quem sou?

Foi nesse momento que me dei conta de que o luto de Deus implicaria também o luto de mim. Sua morte seria também a minha. Eu não conseguiria deixar Deus morrer se não me permitisse morrer também. Mas como eu faria isso? É muito difícil. O conflito é dilacerante. Como permanecer à frente de uma Igreja evangélica não sendo mais evangélico? Como anunciar um Deus em quem não creio mais e ao qual não quero mais servir? Como continuar sendo o pastor Leandro nessas circunstâncias? De outra parte, como deixar a Igreja evangélica? Para onde ir? Como abrir mão dessa identidade? Se não sou mais evangélico, o que sou? O que serei se não for mais pastor? Quem serei se não for mais o pastor Leandro?

Por alguns anos ainda permaneci nesse impasse. Eu tentava encontrar razões para adiar o inevitável. Mas aí veio a pandemia. O isolamento social e a suspensão das rotinas em razão do confinamento favoreceram um pouco as coisas. Senti que estava me desapegando. Eu já era psicólogo — comecei a faculdade praticamente junto com o início da terapia —, tinha certa clientela, curtia a prática clínica. Por que não? Se o mundo havia virado de cabeça para baixo, por que não aproveitar o momento caótico e romper com tudo de vez? Por que não ousar e pagar para ver? Deixar a Igreja seria o maior ato de fé de minha vida até então. Assim, no dia 4 de abril de 2021, Domingo de Páscoa, eu me despedi da Igreja, da vida pastoral, de Deus e de mim.

Naquela manhã de outono, em meio aos cânticos que serviram de trilha sonora da minha vida, em frente à mesa eucarística, com toda a sua simbologia de vida e morte, e atrás do púlpito onde havia proferido tantos sermões, eu puxei a tomada, desliguei os aparelhos e declarei o óbito. Deixei Deus ir embora e fui embora com ele. Morremos um e outro. Mas foi uma morte para a vida — uma passagem. Não uma passagem para outra vida fora ou além desta, mas uma passagem, finalmente, para dentro da vida, desta vida, minha vida. Há vida após a morte.

Mas e agora? Como será doravante? Não sei. Não faço ideia. Vivo a dor e a delícia de não saber. Vivo o vazio infinito das possibilidades. Antes eu sabia de tudo: de onde vim, para onde iria, como isso aconteceria, na companhia de quem etc. Eu sabia o que podia, o que não podia, o que devia e o que não devia. A vida religiosa é um jogo de cartas marcadas. Hoje eu não quero saber. Quero apenas viver. Um dia de cada vez. Sempre me lembrando, no entanto, de que cada dia a mais é um dia a menos. Viver é morrer. Vamos vivendo e morrendo a cada novo dia, até finalmente acabarmos de morrer e de viver. Mas, enquanto isso não acontece, eu quero me ocupar da vida com leveza e liberdade. Eu quero amar e aprender. Eu quero desfrutar as pequenas felicidades dos vivos. E aí então morrer. Morrer depois de ter vivido.

[]

O luto por violência

O Sol, a Lua e as estrelas teriam desaparecido
há muito se estivessem ao alcance
das mãos predadoras dos humanos.

Havelock Ellis, *A dança da vida*

Fragmentos do luto possível

FERNANDA CHAVES

Uma rajada, uma única rajada de arma de fogo que durou um segundo ou dois. Os vidros do carro explodindo e os estilhaços vindo num jato. Eu me enrolei feito um caracol e me abaixei num movimento imediato, junto às pernas de Marielle. Um silêncio absoluto. Meu corpo queimava como se houvesse sido açoitado mil vezes.

Estava escuro e nada vi. Não sabia de onde tinha vindo o ataque, pois, durante o trajeto para casa, olhava a tela do celular enquanto falávamos de, talvez, comprar pão na padaria, de criança esperando com febre em casa, de reunião no dia seguinte, do compromisso do qual acabávamos de sair — que tinha sido lindo —, de futebol, do Flamengo jogando; de vida pulsante para o silêncio aterrorizante da ausência, em um único segundo.

“Dois mortos e uma sobrevivente”, comunicava por celular o policial que chegara ao local do crime.

A frase se tornou uma espécie de carimbo mental e segue nítida feito tatuagem recente, mesmo superando os 1.800 dias após aquele 14 de março de 2018. Talvez a nitidez dessa marca se deva ao fato de ainda não termos resposta para o crime. Talvez também para que eu, com minha natureza de fênix, busque uma ressignificação da palavra “sobrevivência”, transformando-a em “sobre-

-vivências". Estar viva é pensar sobre as muitas vivências possíveis, afinal. E desejá-las.

Não encontrei ainda nestes mais de cinco anos algo que traduza o sentimento de testemunhar a aniquilação repentina e brutal de duas vidas. Talvez não tenha encontrado essa definição porque nem exista. Afinal, algo tão ilógico, incongruente, bizarro acaba ficando mesmo no campo das surrealidades e guardado naquelas mesmas gavetinhas onde ficam arquivados pesadelos indescritíveis. Ou seja, são absurdos e horrorosos, mas não lhe causam mais dor, porque foram pesadelos. A dor mais sentida, mais difícil e mais cruel, por incrível que pareça, não mora nesse momento do atentado.

Em 72 horas eu já estava em outro estado. Em poucos dias, fora do Brasil, com minha família. Não participei de velório, enterro, missas, atividades ecumênicas. Manifestações reuniam milhares de pessoas pelo Brasil. Eu assistia a tudo, incrédula, pela TV. Amiga e confidente de Marielle por mais de dez anos, não abracei seus pais, tampouco a mulher e o filho de Anderson, um colega recente de trabalho. O nome de Marielle estampava dez de cada dez capas de jornais e revistas, e não cabia mais a mim, também sua assessora de imprensa, administrar a exposição do seu nome nos meios de comunicação.

No dia 14 de março à noite, ao lado de Marielle, dei "até amanhã" para a equipe de quase 20 pessoas que eu coordenava e simplesmente nunca mais as vi. Não pude acolhê-las, como era do meu feitio naquela estrutura de trabalho, nem mesmo ser acolhida. No dia 15 pela manhã, dispensei o motorista do transporte escolar de minha filha e ela, que iniciava seu processo de alfabetização, sem dizer tchau, nunca mais pisou os pés na escolinha tão querida. Jamais reviu amigos e professoras. Parte da minha família eu reencontraria meses depois — a cachorrinha também. Outra parte, continuo sem ver.

Em algumas horas, não só uma amiga havia sido arrancada brutalmente da vida, como também toda uma vida havia sido arrancada de mim, embora eu permanecesse "sobre-vivente". Minha querida amiga, comadre, vizinha, chefe, autoridade pública se foi. E com ela um cotidiano inteiro — meu, da minha filha e do meu marido.

Até mesmo o clima, aquele verão úmido de ferver os pensamentos, foi repentinamente substituído por um final de inverno na Europa dos mais rigorosos dos últimos tempos. Viagem, hospedagem, Anistia Internacional, outra língua, roupas quentes, criança no meio disso tudo, comidas novas, uma infecção séria no ouvido, médico em outro país, antibiótico... Uma cascata de adversidades na minha cabeça me fazia submergir em uma realidade não desejada nem planejada.

Encontrava-me diante de monumentos deslumbrantes, paisagens idílicas, lugares incríveis. Tudo estéril demais. Não me afetavam, não me brilhavam os olhos. Eu queria era viver as místicas de despedidas de minha amiga, ritualizar sua passagem, chorar junto com os seus e viver algo parecido com um adeus, para que eu pudesse me entregar ao luto. Minha mala permanecia praticamente intocada. Minha esperança era de que o caso fosse desvendado e eu pudesse logo voltar ao Brasil e à minha vida. Nem o fuso de cinco horas me atingia; segui em horário de Brasília, acompanhando as notícias do atentado, que, dia a dia, iam rareando e, consequentemente, protelando nossa volta.

Diante de mim, a Torre Eiffel, mas eu desejava olhar o túmulo de minha amiga. Diante de mim, soníferas *performances* numa Madri de metrôs musicais, mas eu desejava cantar louvores de missa de sétimo dia. Em Barcelona, manifestações lindas de rua, mas meu coração queria estar no "Grito" por Marielle, na Avenida Brasil. Num cemitério de Roma, tentava criar pontes simbólicas, mas o cheiro era de flores vivas. Assim, em meu exílio, criei minhas liturgias particulares. As liturgias possíveis. Tentando abrir meu templo para que o luto grassasse em mim. Na verdade, os lutos — pela perda da Marielle, do Anderson, mas também o luto pela perda de uma vida minha que se foi.

E nessa jornada ainda aconteceu de perdermos outras pessoas queridas das quais também fomos impossibilitados de nos despedir, diante do nosso distanciamento imposto pelas circunstâncias... Precisamos aprender, e também ensinar a nossa filha, a nos despedir sem estar presentes. Não sei se aprendemos, mas vivenciamos.

Enlutar-se é o processo de vivenciar o assentamento do peso e da dor de ter que seguir a vida sem alguém. É preciso purgar a dor, vivê-la intensamente, até que esse peso deixe de ser um bloqueio da compreensão do fim e não mais impeça a vida de se restabelecer.

Voltei ao Brasil meses depois. Outra cidade, outro trabalho, outra escola, carreiras descontinuadas, desatenção por parte do Estado brasileiro...

Vivi — e vivo ainda — o luto possível, ressignificando dores e recompondo a energia. Não há paralisia, há vida em movimento, projetos e desejo de futuro, que é onde tudo cabe. No entanto, a inacreditável falta de resposta sobre quem mandou matar Marielle e o porquê potencializam os processos dolorosos, restauram sofrimentos e corrompem a retomada do movimento vital para muitos dos seus entes.

[]

O luto por suicídio

Nesta vida, morrer não é difícil. O difícil é a vida e seu ofício.

Vladímir Maiakóvski, "A Sierguéi Iessiênin"

Um tiro que mudou a história – Relato em três atos

JOSÉ MAURO BRANT

Ato I

Lembro-me bem daquelas férias no interior de Minas Gerais. Devia ter uns 9 anos. Meu pai me convidou para um passeio a sós pelo quintal do velho sobrado, nosso lar naqueles dias. Só eu e ele, coisa de homens. Numa clareira no fundo, onde reinava um velho salgueiro, ele ajeitou uma lata vazia nas raízes mais altas da árvore e me mostrou uma bolsa de couro que trazia sem que eu me desse conta. Entendi logo que era alguma coisa importante e, pelo tom sussurrado e misterioso da sua voz, intuía que estava prestes a ser iniciado em alguma coisa que escapava ao meu mundo de criança. Com solenidade, abriu devagar a bolsa, de onde surgiu, reluzente, um revólver. Senti um frio na barriga. Atentamente, escutei-o explicar para mim como funcionava e para que servia cada peça daquela pistola, que ele me entregou para eu segurar. Lembro que a achei bem mais pesada do que as de brinquedo. Sinto ainda a sensação dos seus braços ao longo dos meus, segurando a arma entre as minhas mãos, me ensinando sobre o alvo. Ajustou a arma aos meus olhos e nos movemos juntos, até que o meu olhar tocasse a lata apoiada no salgueiro. "Viu?" — ele perguntou. "Essa é a direção. É lá que ela vai acertar." Eu me sentia em seu colo naquele instante em que mirávamos juntos. Mas, claro, não me deixou atirar. Explicou que se deve ter idade para isso — idade e documento. Desejei ser gente grande só para sentir aquele poder que o meu pai demonstrava, quando me posicionou ao seu lado e, com ares de super-herói, apontou para o alvo, aos pés da árvore. Lembro-me do silêncio que antecedeu o ato, suspense que me revirava as vísceras, medo e excitação de testemunhar uma cena só vista nas séries de TV. Mas o desfecho foi uma reviravolta digna dos filmes de ação.

Primeiro, o estouro deixou o meu ouvido zumbindo e, logo depois, a bala resvalou no alvo e bateu no velho salgueiro, que a devolveu para o espaço. Tudo deve ter durado milésimos de segundos, mas o que se seguiu sacudiu minha vida pela primeira vez. A bala veio na minha direção e só parou quando encontrou o meu peito, com toda a força, me jogando no chão. O depois se funde na minha memória: zumbido, dor, desespero do meu pai e, por fim, a felicidade de constatar que não havia sangue, que o salgueiro me salvara. Tirou a potência da bala, que não fez mais que me derrubar e criar no meu peito um hematoma intenso, que eu admirava pelo espelho com o orgulho dos sobreviventes. Meu pai me abraçou, verdadeiramente feliz de me ver vivo, e acho que não me lembro de outro momento em que eu tivesse tanta certeza do seu amor. Aquele seria, pra sempre, o nosso segredo.

O que ficou dessa história foi a sensação de um tiro que saiu pela culatra. Aquela cena afetuosa, que, fosse outro o desfecho, talvez tivesse feito eu me encantar pelo mundo das armas, o mundo do meu pai, criou em mim um medo crônico daquele brinquedo que podia matar.

Não demorou muito para eu descobrir que ela, a arma, morava na minha casa, bem perto de mim: na gaveta da mesinha de cabeceira, que eu já abrira tantas vezes, onde papai guardava suas coisas preferidas. Lá vivia aquela bolsa de couro, junto com dois bloquinhos, que, me explicaram, eram para as cadeiras cativas no Maracanã, onde meu pai ia sempre ver o Vasco da Gama, seu time do coração. Eu me sentia mais seguro do outro lado da cama, onde, numa gaveta idêntica, minha mãe guardava um livro, as obras completas de Fernando Pessoa, de papel bem fininho.

Também guardei daquele dia a bala. Era o meu amuleto, prova da minha sorte e da minha vocação para a vida. Mas, daquele dia em diante, passei a desconfiar um pouco dos valores que vinham da parte do meu pai. Eu não gostava de futebol, tinha um pouco de medo dos nossos momentos de intimidade e achava um saco que ele repetisse infinitamente: "Um dia você vai poder dizer pra todo mundo que nasceu na bolsa de valores!" Ele falava de outra das suas coisas favoritas, que eu não sabia se era perigosa como a de couro nem se cabia na gaveta da mesinha de cabeceira: a Bolsa de Valores.

Eu não entendia bem o que era. Primeiro, achei que fosse um hospital, já que eu tinha nascido lá. Depois, uma fábrica de bolsas, já que mamãe tinha tantas. Mas, com o tempo, fui elucidando o mistério. Na verdade, a Bolsa era onde meu pai trabalhava.

Era um ofício incompreensível para mim, mas era tanta a paixão do meu pai por ele que, no cartório, quando foi nomear seu primeiro filho homem, ele deixou registrado como mensagem um endereço, uma direção. Hoje, é com um sentimento agridoce que leio aquela linha impressa na minha certidão de nascimento: "Nascido em: Praça XV de Novembro, nesta cidade". O endereço da Bolsa de Valores do Rio de Janeiro.

Ato II

Foi num sábado pela manhã, alguns anos depois, que minha vida mudou pela segunda vez. Agora, para sempre.

A primeira lembrança imprecisa que tenho desse dia foi de antes do despertar. Naquele sábado acordei com alguém entrando no meu quarto e, pelo som dos tamancos que ressoavam no chão de cerâmica da casa, soube logo que era meu pai. Acordei, mas não abri os olhos, fingi dormir, ou talvez estivesse mesmo adormecido; por isso, não percebi o que ele fazia ali, nem o ouvi me chamar. Minha impressão é de que ele havia parado um instante aos pés da minha cama e, depois, saído lentamente, até eu ouvir a porta sendo encostada. Lembro que a certeza de que eu estava sozinho de novo me fez pegar o meu gravador cassete, sempre ao alcance da minha mão, e, colocando-o entre os meus travesseiros, apertei o *play*, para começar o dia, como sempre, ouvindo música. Já era um pré-adolescente, digamos, com algum mundo interior. Gostava de teatro, já tinha minha pequena biblioteca e uma discoteca de vinil, para ouvir minha coleção de trilhas de cinema, na vitrolinha vermelha da minha infância. A arte sempre foi meu melhor brinquedo.

Jamais abri de novo a gaveta da mesinha de cabeceira do meu pai, mas convivia com ela e com o medo que me provocava. A bala de revólver que um dia me jogara no chão continuava guardada, mas eu já não acreditava que ela desse muita sorte, não; afinal, muita coisa tinha mudado na nossa vida familiar.

Desde minha tenra infância vivíamos uma vida de novela. Nossa casa era cinematográfica, povoada de cães ferozes e pássaros exóticos, com direito a um vasto jardim, delimitado por um canal de água salgada que, de barco, nos levava até o mar. Havia também uma piscina que entrava na sala. Aquela casa extravagante, erguida pelo sonho do meu pai, ficava num bairro emergente do Rio, cercada de terrenos vazios que, pouco a pouco, iam se transformando aos nossos olhos em casas sólidas com famílias felizes, e nós, eu acreditava, éramos a mais feliz entre todas. Tudo patrocinado pela Bolsa de Valores, eu entenderia muito depois.

Meu pai, eu só via nos finais de semana e de noite, quando chegava afrouxando a gravata e se aboletando no bar, onde já havia um balde de gelo abastecido para seu uísque *on the rocks* diário. Às vezes me trazia presentes. Eu gostava quando eram cigarrinhos de chocolate com fósforos de biscoito, mesmo que me frustrasse que daqueles não saísse fumaça como dos dele. Achava que meu pai fosse uma espécie de deus, que pudesse tudo. Eu, que não entendia ainda o valor monetário das coisas, pedia a ele presentes imaginários, como sapatos para andar nas paredes, e ele, para não estragar a minha fantasia de criança, dizia que estava procurando, pois se tratava de um item difícil de encontrar. Enquanto isso, trazia outras coisas nunca imaginadas, como o primeiro videocassete, um telejogo ou um interruptor que acendia luzes quando a gente fazia *shhhhhhh*.

Meu lugar favorito na casa era o sótão, sob as telhas. Lá havia arquibancadas de madeira e um estrado. Aquele sótão foi meu primeiro teatro, e aquele estrado, meu palco. Nos almoços de domingo, quando dividia meu pai com irmãs, parentes e amigos, eu apresentava ali minhas primeiras invenções teatrais. A família era meu público, e todos aplaudiam com fervor. Meu pai... dormia.

Mas naquela manhã de sábado nossa vida já era bem diferente. Era um tempo conturbado, em que sumiram os sorrisos, os almoços com a família, em que os adultos passaram a falar sussurrando pelos cantos, para que a criança da casa — no caso, eu — não ouvisse o que era dito. A verbalização da expressão "Bolsa de Valores" ficou proibida entre nós e, se fosse mencionada por descuido, evocava inimigos e rancores. Meu pai, que era uma presença rara e pontual, agora estava todos os dias em casa, mas muito diferente daquela figura poderosa e barbeada, que afrouxava a gravata enquanto preparava seu drinque. Agora, ele era uma sombra, muda e barbada, que vivia com o mesmo pijama, sentado no mesmo sofá. Só hoje me dou conta de que, dos tantos lugares confortáveis que ele tinha para se acomodar naquela sala bem mobiliada, ele escolhera o único sofá que dava as costas para toda a casa. À sua frente só lhe restava a visão de uma área bastante limitada do espaço: se ele olhasse para baixo, via o pedaço da piscina que se fundia com a sala e, se levantasse a cabeça, via a gaiola onde vivia seu passarinho favorito, um canário-belga, amarelo malhado, de cujo canto nunca esqueci uma nota. Não creio que ele olhasse para cima; eu sempre o via de cabeça baixa. Diante dele, aquele pedaço da piscina de dois por um era um mar muito pequeno para navegar, com poucos horizontes para vislumbrar, mas talvez fosse o suficiente para se afogar. Se ele mirasse um pouco mais para cima...

Num desses dias, me aproximei discretamente do sofá enviesado do meu pai. Fiz a ele alguma pergunta carinhosa, para ver se eu entendia o que lhe acontecia. Ele respondeu com voz frágil e fazendo esforço para olhar para mim: "Papai fez um negócio e não deu certo". Não me lembro se entendi. Não me lembro se passei minhas mãos de criança pela sua barba desfeita, nem se lhe dei um abraço de consolo. Acho que comentei sobre o passarinho ali diante dos seus olhos, que, mesmo engaiolado, cantava. Mas seu olhar tornou a cair.

Foi a última vez que ouvi a voz do meu pai. Foi a última vez que o vi com vida. Alguns dias depois, naquele sábado, pela manhã, meu pai morreria por suicídio.

Afogado. Não nas águas azuis da piscina, mas sim em culpas e remorsos. A *causa mortis*, reli inúmeras vezes na certidão de óbito, que fiz questão de guardar ao longo dos 38 anos que me separam daquele dia: "Transfixação do cérebro, ferimento penetrante do crânio por projétil de arma de fogo".

A arma de fogo eu conhecia: era aquela inimiga que vivia em uma bolsa de couro na gaveta da mesinha de cabeceira. O projétil devia ser igual ao que morava na minha caixa de relíquias. Assim que pude, o resgatei e o arremessei com toda a força nas águas do canal que atravessava o nosso jardim. Que levasse a má sorte com ele para o fundo do lodo!

O que eu ainda não entendia era o que meu pai tinha ido fazer no meu quarto naquela manhã, antes do tiro fatal. E se eu não tivesse fingido que dormia? E se eu tivesse despertado e dito alguma coisa que o demovesse daquela decisão? Agora era eu quem me afogava numa piscina de dúvidas e porquês. A partir daquele dia, emudeci. O silêncio era agora o meu luto.

Ato III

A partir do dia seguinte, já tinha certeza de que tudo dali para a frente ia ser diferente. No enterro, lotado, me dei conta de que naquele momento eu era personagem vivo de uma narrativa nova, da qual eu era a nota mais triste: o filho menor daquele que deu as costas para todos nós. Vivi integralmente esse novo papel, firme e calado, sem derramar uma lágrima.

Lidar com a morte era novidade para mim. Perder o pai já não seria fácil, mas lidar com a morte de um pai por suicídio significava ter de conviver com um crime no qual seu próprio pai era ao mesmo tempo vítima e algoz. Não me sentia no direito de chorar por alguém que era responsável pelo próprio fim. Nem podia canalizar minha raiva para algum outro suspeito. Era mais fácil para mim jogar a culpa naquele meu velho conhecido, o revólver de papai, que a essa altura já não morava mais na gaveta da mesinha. Sentia uma dor misturada com um sentimento de revolta e inconformismo.

Daquele dia em diante, eu quase não falava. Entre parentes e amigos, que nos davam colo naquela hora, eu era só ouvidos. Agora os adultos não falavam mais em voz baixa para que eu não escutasse; tudo era dito às claras, e eu ouvi todas as conjecturas e explicações para aquela tragédia que nos abatia, e nenhuma me confortava. Soube que meu pai já tinha histórico de suicídio, na juventude, e todos já temiam que isso acontecesse. Ouvi pela primeira vez a palavra "depressão". Eu me assustei. Ouvi que os suicidas não iam para o céu. Minha cabeça de criança não dava conta de assimilar tudo isso.

Quando voltei à escola, depois de uma semana de férias forçadas, percebi que todos os alunos já sabiam da minha tragédia. E eu achando que seria meu segredo. Foi o pior dia da minha vida. Um grupo grande de alunos me cercou, perguntando se era verdade que meu pai tinha se matado. Lembro que os dois alunos que tomavam a frente eram os que mais sofriam insultos de outros alunos na escola: o de baixa estatura, chamado de Anão, e o outro, bem nutrido, o Sapão, "mau Sapão". Dos estigmas presentes entre nós, o meu era o pior, por isso eles me atacavam com tanto apetite de revanche. Lembro-me dos indicadores em riste, imitando o gesto de levar a arma à têmpora. Lembro-me de como me machucou. Anos depois, quando ouvi pela primeira vez a palavra *bullying*, só pensei naquele dia.

Agora a escola também era um lugar de solidão e silêncio. Na hora do recreio, eu fugia para a igreja ou para a biblioteca, só para não ter de explicar aquilo que eu mesmo não sabia entender. A primeira vez que deparei com um formulário para preencher meus dados pessoais, só escrevi o nome da minha mãe; afinal, meu pai não existia mais. Lembro-me de a professora me explicar que, apesar de ele ter morrido, eu tinha pai. Fiquei confuso. Meu professor de História, meu favorito, antecipou para mim, a sós, um ponto da história brasileira. Falou-me de um presidente, ditador, que saíra da vida para entrar para a história. Fez algum sentido. Meu pai era agora minha história.

A primeira coisa que entendi foi que aquele tiro não tinha matado só meu pai: matou junto certo sentido de família, e cada envolvido nessa história tinha uma dor que era só sua. Que nos virássemos, cada um por si, para recuperar o sentido da nossa existência! Minhas irmãs, mais velhas, se apressaram em sair pelo mundo, criando suas famílias, e só restamos em casa eu e minha mãe, cada qual com sua dor. A casa erguida pelo sonho do meu pai tinha perdido o sentido e em tudo pousava um ar de abandono. Só me sentia bem no meu quarto e, de preferência, de porta fechada, motivo de brigas com mamãe. Nem me passava pela cabeça o medo que ela tinha do que eu pudesse fazer, solitário, trancado naquele aposento. Mas lá não havia nada guardado em nenhuma gaveta que pudesse me fazer mal. Lá só entrava o que me fazia feliz. Num tempo em que ainda não existiam redes sociais nem internet, os livros, discos, vídeos eram minha rede de proteção. No meu quarto não me sentia sozinho, muito menos em silêncio.

A essa altura eu já tinha levado para lá o aparelho de som herdado de meu pai, duas caixas poderosas e alguns discos da casa para incorporar à minha coleção: Caetano, Frank Sinatra e, claro, Elis Regina. Elis era como se fosse minha mãe, e foi no colo dela, ouvindo seus discos, às alturas, que chorei meu pai pela primeira vez. Foi com ela e Caetano que aprendi que existe música para cada sentimento, para chorar e para rir; pensar e se emocionar. Com a arte eu tocava sentimentos profundos, novos para mim, que naquele momento eu aprendia a apreciar e conviver. A arte era tudo que eu queria. A arte era tudo que me movia.

Foi a arte que me tirou de casa para meus primeiros passeios solitários. Ia quase todos os dias ao cinema. Entrava sozinho na sala escura, muitas vezes sem saber ao que ia assistir. A sétima arte proporcionou meus primeiros assombros artísticos. O cinema me apresentou ao mundo, me ofereceu novos sonhos para onde olhar. Os filmes que mais me comoviam eram os que tinham alguma relação com a música e a trilha sonora disponível para eu levar para o meu quarto. Vi um documentário sobre os musicais antigos e tive certeza de que aquele era o mundo mais feliz que podia existir. Vi um filme espanhol que era todo dançado. Vi um filme italiano que era todo cantado. Uma ópera, descobri. A ópera, eu acreditava, era o gênero da minha vida, em que a tragédia e o drama viravam música para arrebatar a alma. Descobri que existia ao vivo. E logo aprendi a ir sozinho a óperas, concertos e, finalmente, ao teatro. E meu quarto ia virando um caldeirão de arte e cultura, onde eu gestava novas direções para o meu caminho.

Então, já conversava com mais facilidade, sobretudo se fosse sobre minhas descobertas, e com adultos, que eram os únicos que queriam conversar sobre arte. Da morte de meu pai, não falava nada. Às vezes, quando entrava num papo com desconhecidos, mentia, dizia que meu pai estava vivo e tinha uma profissão que eu entendia; achava arquiteto lindo, ou médico. Se porventura resolvesse contar que meu pai falecera, inventava uma morte mais digna, enfarte fulminante, por exemplo. Assim ia ensaiando meus primeiros personagens naquele exercício de ficção.

Fui me interessando também pelo mundo exotérico. Faziam parte da minha biblioteca, junto com os gibis da infância, livros sobre tarô, astrologia, profecias de Nostradamus e a Bíblia. Prever o futuro era sonhar com uma vida mais feliz. Com o *I Ching* aprendi que os livros eram oráculos, e eu transferia essa lição, praticando bibliomancia com livros de poesia. Até hoje faço isso abrindo aleatoriamente um Pessoa, um Quintana ou um Lorca, para buscar, na subjetividade, respostas que o mundo objetivo nem sempre nos dá. Assim, apostando no subjetivo, na arte e na fé, ia me curando, dia a dia.

Foi então que meu pai começou a me aparecer em sonhos. Ele surgia sempre na nossa casa em dias de muita luz, e surgia jovem, como eu nunca o tinha conhecido. Lindo como só tinha visto em fotos do seu tempo de solteiro. Aparecia sempre bem barbeado, penteado e, acima da orelha direita, com uma cicatriz, a do tiro. Ele me pedia perdão. A primeira vez acordei assustado, mas, quando o sonho se repetiu, fiquei mais apaziguado. Acreditei que ele estivesse num lugar iluminado, onde se é sempre jovem, cicatrizado do seu desassossego. Acreditei que, por sonhos, ele se comunicava comigo, desejando que eu me desapegasse das dores que porventura me causara. Tive certeza de que tinha descoberto o que ele fora fazer no meu quarto naquela manhã de sábado, antes do tiro. Ele fora lá me pedir perdão.

Dei-me conta de que o passo mais importante para a nossa cura seria o perdão. Perdoar meu pai era afastar o estigma, separar a vítima do algoz. Só assim nos libertaríamos das amarras que não nos deixavam seguir adiante. Só assim nos conciliaríamos com a nossa história.

Com o tempo, os avanços da medicina nos trouxeram novas notícias sobre a depressão, essa palavra sombria, e fomos ganhando mais motivos para perdoar. Eu, que sempre me vi diante de tantos sonhos para trilhar, entendi, finalmente, que quem faz o que meu pai fez não o faz por opção, mas sim por falta de opção. Quem é capaz de terminar a própria vida não o faz por escolha, mas sim por não ser capaz de enxergar que existem outros caminhos.

Hoje, tanto tempo depois, sabemos, somos sobreviventes. Daqueles valores do meu pai, sobraram poucos na minha bolsa. Mas ela é repleta de outros que fui colecionando nestes 50 anos de vida. Ainda não aprendi o valor monetário das coisas, sempre apostei em tudo que é imaterial. Como escreveu o escritor português Valter Hugo Mãe, "o dinheiro tem valor em troca de muita coisa, mas muita coisa só tem valor se for de graça"[1]. Não enriqueci, do ponto de vista financeiro, mas sei que minha maior riqueza é a minha história e minha fortuna é o poder de contá-la.

Uns anos depois, achei que fosse a hora de sair da quarentena e ressuscitar meu teatro no sótão da nossa casa. Mas dessa vez não seria só para a família costumeira dos almoços de domingo: convidei todos, professores e alunos da escola e também parentes mais distantes e seus amigos. Seria uma festa! Durante meses fiz os cenários de papel crepom, selecionei figurinos e perucas nos armários da minha mãe e arregimentei vizinhos para os papéis secundários. A peça era uma paródia de um musical ao qual eu assistira no cinema. A casa estava lotada. No final, entre os aplausos efusivos, todos sabiam que tinham testemunhado uma explosão de vida, minha verdadeira estreia para o futuro. Eu era feliz e tinha encontrado meu lugar. Afinal, o show deve sempre continuar.

Nota: Um último comentário, que não foi à toa que deixei fora deste relato tão desarmado: vivo num bairro do Rio de Janeiro cercado de comunidades, onde quase todos os dias se ouvem tiros e quase toda semana uma criança morre por bala perdida. Quando esbarro

1 Valter Hugo Mãe, em *As mais belas coisas do mundo.* [N. E.]

com fuzis nas janelas dos camburões e quando me dou conta de que existe quem defenda o acesso a mais armas em nome da segurança das famílias, lembro-me da gaveta da mesinha de cabeceira do meu pai, e as cicatrizes ardem; a criança que vive dentro de mim chora. Sonho com um mundo com menos armas e mais livros, onde se ouça mais música e menos tiros, e as crianças possam, livres, brincar.

[]

O luto de um amor

Dois amantes felizes não têm fim nem morte,
nascem e morrem muitas vezes enquanto vivem,
têm a eternidade da natureza.

Pablo Neruda, soneto XLVIII, *Cem sonetos de amor*

A presença da ausência de Marielle

MONICA BENICIO

Estávamos paradas à porta do elevador. Ela vestia minha calça favorita, azul, florida, de tecido molinho, e uma blusa também azul. Entrei no elevador e fiquei em pé, no canto, olhando para ela, que permanecia junto à porta, para depois voltar ao gabinete. Antes de a porta se fechar, vi que sorria para mim. Ela jogou um beijo, disse "eu te amo" e a porta se fechou, enquanto eu ainda estava concentrada naquele sorriso. Foi a última vez que a vi com vida. Naquele momento, eu não podia imaginar que, em menos de 24 horas, eu a reencontraria ali, na mesma Câmara Municipal do Rio de Janeiro, dentro de um caixão.

Na noite de 14 de março de 2018, tudo em mim se partiu em dois. Ao ouvir a frase "a Marielle morreu", uma parte de mim morreu junto, desfez-se em pó. Durante meses aquela frase reverberou na minha cabeça e eu me debati por dentro, lutando para não acreditar nela. Mas aquela noite não foi o pior momento da minha vida. Eu não sabia, mas estava prestes a experimentar uma dor ainda maior: a dor da confirmação da ausência.

Aquelas palavras não faziam sentido nenhum, e o sofrimento dentro de mim mexia com sentimentos e partes do meu corpo que eu desconhecia. Não conseguia raciocinar, não conseguia respirar. A dor que me trespassava o corpo físico era tão forte que eu desmaiei. Senti como se o meu corpo evaporasse e não houvesse mais matéria em mim; senti como se tivesse perdido o que me segurava neste mundo.

Ao ver a nossa casa se enchendo de amigos que foram prestar solidariedade, tudo ficou pior. A ausência ia se confirmando e anunciando que não havia sido só um pesadelo. Atravessada pela dor insana e tratada com medicamentos calmantes, adormeci. E foi ao acordar que vivi o pior momento da minha vida.

Na manhã de 15 de março, quando abri os olhos, vi minha cabeceira igual ao que sempre fora. A imagem de São Francisco de Assis, no canto do quarto, me observava como em todas as manhãs. A dor no peito era lancinante, a cabeça pulsava com violência e, por uma fração de segundo, voltei a achar que tudo aquilo não passara de um pesadelo. Fiz o movimento de me virar na cama para abraçá-la e lhe contar que nem em sonho eu poderia viver sem ela. Mas, quando me virei, e antes que os meus olhos pudessem ver, meu braço tocou num corpo que não identificou. Ao perceber que ao meu lado estava uma amiga, que havia dormido comigo para eu não ficar sozinha, senti meu corpo se rasgar. A dor era tamanha que eu me encolhi para chorar e rezar para morrer.

Marielle e eu estávamos planejando a festa de casamento... Quando meu telefone tocou naquela noite, eu preparava o jantar para nós. Como de costume, eu a esperava para ficarmos juntas depois de um longo dia. Imaginar que ela nunca mais chegaria para jantar, que eu não a teria mais ao meu lado ao acordar, era o suficiente para me fazer desistir de viver.

Durante muito tempo eu me autodestruí. Não comi direito por meses, porque não me permitia nada que desse prazer, nem mesmo a alimentação. Emagreci 14 quilos em menos de um mês. Não via TV, redes sociais, não lia nem me relacionava com nada. Morri em vida por sentir culpa de estar viva sem ela. Levantar de manhã e sair da cama era — e diversas vezes ainda é — o ato mais difícil e doloroso do dia. Ainda guardo em mim a esperança de que, ao acordar, tudo não terá passado de um pesadelo. E é na primeira fração de segundo do despertar que essa esperança se esvai e me destrói.

A gente tem inúmeros pesadelos na vida, mas o corpo reage, luta contra o sofrimento imposto naquele momento e faz força para acordar e se libertar da angústia. Então, a gente desperta e percebe que foi apenas um sonho ruim, e fica feliz e aliviada com isso. Só que, naquela manhã de 15 de março e em todas as manhãs seguintes, eu não me senti nem feliz nem aliviada, porque não era pesadelo algum: mataram a Marielle de verdade e a tiraram de mim! Arrancaram de mim tudo que eu mais amei na vida. Arrancaram de mim a minha vontade de viver.

Não consigo expressar tudo que ainda sinto, assim como tudo que ela significou e significa para mim. A ligação que havia entre nós era profunda e muitas vezes inexplicável. Posso escrever incontáveis textos e dar milhões de entrevistas que mesmo assim não bastarão, dada a intensidade e a beleza do vínculo que tínhamos. Foram 14 anos, entre idas e vindas, de uma relação de amor e cumplicidade. Amor profundo, que passou por descobertas de parte a parte, inclusive a da sexualidade — uma das mais poderosas subjetividades humanas —, a descoberta do prazer do corpo e da amizade, do respeito, do carinho, do companheirismo. Marielle foi minha parceira também na divisão de sonhos, os possíveis e os impossíveis. Ríamos e chorávamos juntas, transávamos, brigávamos, depois voltávamos a nos entender, e aí começava tudo de novo, como acontece com qualquer casal apaixonado.

Morávamos numa casinha de vila com quintal e tínhamos muitas plantas. Porém, nossa rotina não era de contos de fadas. Priorizávamos as manhãs para ficarmos juntas. Elas compunham um pedaço gostoso do dia, mas sem dúvida repleto de tarefas domésticas, que gostávamos de compartilhar, como arrumar a cama, quando cada uma segurava uma ponta do lençol. O cuidado mútuo era lindo e bastante delicado, de gestos singelos e gentis, como eu lhe preparar a marmita e separar as roupas que ela usaria no dia, até a massagem que ela fazia nos meus pés todas as noites antes de dormir.

Nos meses anteriores à tragédia, ela já vereadora, eu sempre lhe dizia que "a porta do inferno não tem hora para fechar, mas pode ter hora para abrir". Eu me referia "apenas" à sua intensa agenda de trabalho... Na nossa última semana, construí para ela um jardim, que inauguraríamos com os amigos em 18 de março, domingo. Não deu tempo. As plantas morreram com o passar dos meses e pelo meu abandono. A casa, sempre superbem cuidada e florida, tornou-se um ambiente inóspito e doloroso. Meses depois, no final de 2018, também morreu o Maddox, vira-latinha que Marielle me dera de presente 12 anos antes no dia das namoradas. Roubaram de nós o tempo dos sonhos e a possibilidade de sonhar. A memória, porém, guarda o lindo tempo que tivemos juntas.

Marielle se transformou em símbolo internacional de luta. Porém, o que eu mais sinto falta não é do símbolo, mas justamente do que o símbolo não alcança: a mulher. Sinto falta de deslizar as mãos pelas costas dela enquanto a abraçava, da temperatura da pele, do cheiro, do gosto da boca, de tê-la deitada no meu abraço fazendo cafuné.

Eu não encontrava razão para viver sem ela; é a pura verdade. Nada mais me encantava, o que era um alerta de problema grave. Eu não estaria aqui para contar esta história não fosse a aliança de amigos e amigas que se formou ao meu redor, assim como toda a solidariedade que recebi do país inteiro, aliás, do mundo inteiro. A solidariedade tem uma força excepcional: fez que eu voltasse a comer, a sorrir. Graças à solidariedade de muitos corações pude me erguer novamente. A dor permanecia — permanece —, mas eu a usei na procura de explicações para o assassinato, que chocou a todos e, não me canso de dizer, levou de mim o meu amor. Por causa da indignação e do sofrimento, minha vida mergulhou em momentos que me escapavam. Eu já não controlava mais a sensação de me ver jogada num fluxo constante de fazer o que tinha de ser feito por ser a viúva de Marielle Franco. Eu me sentia a Alice caindo na toca do Coelho.

Ressignifiquei a dor transformando-a em instrumento de motivação. Passei a girar pelo Brasil e pelo mundo pedindo apoio internacional à justiça para Marielle e Anderson, e foi o que me manteve viva. Estive em mais de 20 países e visitei quase todas as unidades da federação brasileira. Disse ao governador do Rio de Janeiro que suas mãos estariam sujas de sangue até que a resposta a respeito de quem mandou assassinar Marielle fosse apresentada à sociedade. Reuni-me em audiências com ministros de Estado para cobrar a solução do crime. Minha vida passou a se basear em cobrança e denúncia, cobrança e denúncia. Minha agenda agitada e uma não vida consumida pelo ritmo das viagens me deixavam exausta, me descolavam da realidade. Assim, pude acreditar que tudo era tão fantasioso que eu logo acordaria. Jamais acordei disso, mas despertei para uma nova vida.

Depois de meses viajando pelo exterior sem falar uma única língua além de português, sem dinheiro, sem casa, eu havia colocado em outro lugar as lutas que partilhava com Marielle. Antes dedicada mais à academia, ao mestrado em Arquitetura e à participação em alguns atos e manifestações, eu me descobri correndo o mundo para denunciar o Estado brasileiro.

A verdade é que a luta por justiça para Marielle e Anderson foi a minha fuga da realidade. Conciliei a única maneira que encontrei de me manter viva com a busca incessante de uma resposta que desse conta da barbaridade descomunal cometida naquela noite de 14 de março. Trata-se de uma luta incansável por justiça e também por tudo que Marielle representa hoje, ainda que os símbolos atribuídos a ela sejam construídos coletivamente pela sociedade. E essa luta é também uma maneira de me manter ligada à minha mulher e seguir com ela dia após dia.

Até hoje tento ir ao cemitério toda semana. No início, eu passava as tardes deitada sobre o túmulo dela, onde às vezes até cochilava.

Durante muito tempo rejeitei a realidade, não queria aceitá-la, não me parecia verdadeira. Sendo muito sincera, ainda não parece. Há momentos em que sou tomada por um sentimento bastante ruim e ainda agora me acontece de acordar com vontade de cancelar todos os compromissos para não fazer nada, para ter o direito de ficar na cama chorando o dia inteiro, assumindo não ter forças para prosseguir, porque o sofrimento dilacera, porque a saudade é infinita.

Durante meses pensei em suicídio. Existir num mundo onde ela não existe mais é uma incumbência cruel, constantemente dolorosa. No entanto, minha religiosidade me faz crer que o suicídio nos afastaria ainda mais. Quando sinto raiva, procuro me lembrar de que, juntas, tínhamos nossos momentos de religiosidade, e julgo que aquela ideia suicida é ruim para nós duas. Então procuro me controlar, pois, se me entregar a sentimentos ruins, será bem mais difícil reencontrá-la.

Vingança não pode ser uma solução, ainda que seja o caminho a princípio mais descomplicado, mas rejeitá-la também é um ato de amor por Marielle. A raiva e o desejo de vingança podem cegar nestes tempos difíceis que atravessamos. E por ela eu procuro sempre manter a coerência com o que nos uniu e continua unindo — as convicções políticas, o desejo de uma sociedade mais justa e igualitária, na qual a vida esteja acima do lucro, na qual todas as mulheres sejam livres, na qual todos os corpos e todas as famílias possam existir.

Hoje, em minhas orações diárias, além de desejar que Marielle esteja bem e em paz, peço sabedoria e inteligência para influenciar a vida das pessoas com empatia e solidariedade. Lutar por justiça para ela e Anderson não é apenas cobrar o final satisfatório de um inquérito; é cobrar do Estado que cumpra a sua obrigação. Justiça também se faz não se conformando com o mundo como está, indignando-se com a escalada do fascismo e da política de ódio. Justiça é transformar esta sociedade em um lugar onde Marielles possam ocupar todos os espaços, inclusive os de poder, e tenham condições de chegar seguras para o jantar.

Ao longo de meses eu me recusei a não estar em casa por volta das 9 horas da noite, horário em que ela costumava chegar. Eu ficava olhando a porta, certa de que a qualquer momento ela entraria e diria que tudo não passou de um engano, que não era ela no carro. Ainda espero Marielle voltar para jantar. Acho que vou esperar para sempre, até o nosso reencontro. Mas até lá eu tento preencher as horas com esse amor profundo por ela que mora em mim. Isso dá um novo sentido a tudo.

"Luto de um amor" — não se pode fazer luto por algo que é imortal, imperecível. Marielle foi a parte mais feliz não só da minha vida, mas de mim. Minha melhor amiga, meu amor, que vai seguir comigo pelo resto da vida e depois, porque ela é a razão de tudo isto.

[]

O luto político

Brasil, mostra a tua cara!

Cazuza, Georges Israel e Nilo Romero, "Brasil"

Perdas e danos

CHICO ALENCAR

Meu querido e saudoso amigo Aldir Blanc (1945-2020), em um dos últimos e-mails que me enviou, escreveu, bem ao seu estilo cáustico e sensível: "Chico, você que entende disso, podemos usar a Lei de Acesso à Informação para saber quantos morreram na 'Transamargura'"?

Bolsonaro estava encerrando seu primeiro ano à frente da presidência da República. Poucos meses depois, Aldir morreria, em 4 de maio, encerrando, a contragosto, trágica e precocemente, sua fecunda passagem entre nós. Ele se somava aos milhares de ceifados pela covid e pela omissão criminosa daquele governo federal no enfrentamento da pandemia — devastação tão imensa que demógrafos calculam que a expectativa de vida dos brasileiros já caiu 2,2 anos, ao menos...

Tempos amargos, em que preponderaram o negacionismo, a irracionalidade, a mentira e o ódio como vontade da eliminação do outro. Tudo traduzido em nefasta política pública: precarização das redes de proteção social, destruição ambiental e ataque aos povos indígenas, agudização do racismo estrutural, armamentismo, espírito e prática de milícias, minimização da pandemia, negação da ciência, da pesquisa, da lógica.

No Brasil de Bolsonaro, todos os indicadores econômicos foram mórbidos: desemprego e subemprego crescentes, moeda fraca, dívida pública aumentada, inflação de gêneros básicos, como gás de cozinha, arroz, carne, frutas e legumes. Um vírus letal corroeu a vida nacional.

O mais devastador foi a "naturalização" do genocídio. O Brasil enlutado viu-se em um patético velório simbólico, no qual a carpideira-mor, intrusa e hipócrita, lançava pseudolamentos como "e daí?", "não posso fazer nada", "não sou coveiro", "todos vamos morrer um dia"... Como que anunciando a impossibilidade até de um mínimo de empatia.

Menos mal que a arte tenha denunciado a frieza institucional que avassalava a sociedade. Chico César e Bráulio Bessa compuseram uma canção tocante, que resume o maior desastre sanitário nacional em um século: *Inumeráveis*. De 2020 ao final de 2022, perdemos quase 700 mil pessoas.

Chico e Bráulio dão aos abstratos números muitos nomes — André, Elaine, Bruno, Teresa, Iramar, Pascoal, Horácia, Raimundo, Lenita, Felipe, Zulmira, Salvador e tantos, tantas mais que "partiram fora do combinado", pois podiam aqui continuar. Milhares de comuns, nossos iguais, com seus diferentes ofícios, suas singelas histórias, seus apegos, amores, aflições e paixões: "Se números frios não tocam a gente, espero que nomes consigam tocar!"

Conheço Jair Bolsonaro desde o início da sua atuação parlamentar. Fomos eleitos vereadores no Rio de Janeiro no pleito de 1988. Desde então, percebi o que apenas se confirmou nos 16 anos de "convívio" na Câmara dos Deputados: trata-se de uma personalidade sombria, um "soldado" que busca inimigos para abatê-los. Bitemático, fixado na obsessão pelo regime militar e pelo afeto alheio. Sabia-se despreparado para uma função da magnitude de presidir a República brasileira. Mas chegou lá, pois a história não tem linearidade nem é um campo de exatidões. Às vezes me belisco, para acreditar que essa figura menor conquistou tanto poder.

No campo oposto ao sexagenário Bolsonaro, parte da minha geração, quando jovem, lutou contra a ditadura empresarial-militar instaurada pelo golpe de 1964. Tivemos muitos "amigos presos, sumidos assim, pra nunca mais", como cantou Gilberto Gil. Mas resistimos: saímos da jornada com cicatrizes e dores profundas, cortados por cacos de sonhos irrealizados. Sobreviventes, guardamos nossos mortos no memorial da ternura, na quentura do coração. Enfrentando a desumanidade institucionalizada, nos humanizamos ainda mais.

Então, os vitoriosos do regime militar, da censura e da tortura estavam outra vez no poder. As forças da morte, que julgávamos definitivamente banidas ou ao menos contidas, haviam voltado para mostrar sua carranca. O paradoxo: valeram-se dos instrumentos da democracia representativa — ainda que tantas vezes formal e banal — para destruí-la.

O Brasil tornou-se naqueles tempos um laboratório mundial do reavivamento de práticas e posturas neofascistas, combinadas com o ultraneoliberalismo privatizante. Esse projeto de destruição civilizatória tinha base social: uma sólida terça parte dos brasileiros o apoiou. Não foi inédito na história: o Partido Nazista teve 36,8% dos votos nas eleições alemãs em 1932, pavimentando a ascensão de Adolf Hitler, e Donald Trump deixou a presidência dos Estados Unidos com a simpatia de 34% do eleitorado estadunidense.

Essas forças mórbidas e negacionistas estão alicerçadas na ideia do homem-consumidor, sem sentimento de pertença, sem história e, sobretudo, calcado no individualismo como modo de vida. "O inferno são os outros", frase da peça *Entre quatro paredes* (1943), de Jean-Paul Sartre (1905-1980), renovou-se na percepção do outro como um incômodo, um descartável, um estranho. Aquele que deve morrer. Aquele por quem não sinto compaixão. Essa era a ideia, às vezes até assumida explicitamente, que presidia a República brasileira então. O necro-Estado da "Pátria armada Brasil".

Uma sociedade em que o possuir é mais importante que o ser crucifica o que de mais belo há na humanidade: a capacidade de amar, de ser-com-os-outros. O bolsonarismo reforça essa distopia, essa anomia, essa anomalia. Vivemos a Era dos Absurdos e das repetidas atrocidades, em palavras, ações e omissões. A jornalista Dorrit Harazim escreveu: "O papel de Jair Bolsonaro na devastação humana atingiu um patamar sem volta. Será julgado pela história, o que não lhe importa. Ser condenando pelo Brasil pensante até o alimenta. [...] O presidente é um humano esquisito. Parece feito de um material impermeável à dor alheia" ("Cemitério nacional", *O Globo*, 28 fev. 2021).

Nos meus tempos de engajamento na Juventude Estudantil Católica (JEC), fui apresentado à obra de Blaise Pascal (1623-1662), um extraordinário filósofo e matemático francês que viveu apenas 39 anos. Ele, católico de grande mística, resumiu, na linguagem cristã, o continuado drama da humanidade: "Jesus estará em agonia até o fim dos tempos".

Aprendi desde então que a agonia de Jesus continua no sofrimento de todos os seres humanos. Anteontem, ela estava nos milhões de escravizados da África e de outras regiões, nas nações indígenas dizimadas, nos explorados pelo capitalismo fabril do trabalho febril, nos mortos e refugiados de guerra, nos perseguidos pelas ditaduras. Opressões continuadas. Ontem, as dores de Jesus estiveram no corpo dos desempregados (foram em média 10 milhões em 2020), dos excluídos, dos miseráveis dessa era pandêmica, que, superada, ainda manteve o "velho anormal" de abundância tecnológica e fartura... para poucos.

Com todo o seu extremismo de direita, o governo Bolsonaro não foi um ponto fora da curva. O mundo globalitário do século XXI agrega medo e perde encanto. Mergulhados no imediato, inseguros e fascinados apenas pelo que brilha nas vitrines e nas telinhas, resistimos a olhar para o futuro, lugar do imprevisível mas também dos projetos mudancistas. E esquecemos o passado que nos constituiu e nos explica: a história é inútil, vigora a absolutização do presente.

Nesse ambiente sem contexto, de egos, fobias e prazeres efêmeros, a política também morreu? Não, ela se adaptou aos novos tempos do individualismo e do consumismo predatório. Pragmática, mediocrizou-se.

Percorrendo a história brasileira, deparamos com o triunfo da morte traduzido em derrota dos mais fracos — ainda que em maioria numérica — e em continuadas transições intransitivas.

Dessa vez, chegamos ao inimaginável: até a festa popular do carnaval foi cancelada, em função da recidiva da pandemia. Mas a nossa história é cheia de acontecimentos que não aconteceram, de adiamentos e cancelamentos... São "narrativas" quase sempre construídas de acordo com os interesses dos vitoriosos. Aos derrotados, o luto.

O descobrimento de 1500 foi um cobrimento dos povos originários que aqui viviam, dizimados ou aculturados. Morte. A colonização de exploração foi fundada na escravidão, no latifúndio, na monocultura, na dependência externa, que deixaram profundas raízes. Luto.

A Independência de 1822 foi uma nova dependência: recém-nascido, o Império do Brasil subordinou-se aos interesses econômico-mercantis ingleses. Independência e... mortes — sobretudo no Grão-Pará, no Piauí, na Bahia, no extremo Sul, onde, ao contrário das "margens plácidas do Ipiranga", houve guerra, sangue e muitos óbitos.

Em 1888, a princesa Isabel promulgou a Lei Áurea, sem nenhum programa de amparo para a transição dos ex-cativos ao trabalho "livre". No centenário da Abolição, a Mangueira cantou: "Livre do açoite da senzala / Preso na miséria da favela"...

Um general simpático ao imperador proclamou a República. A *res publica* (que quer dizer "coisa do povo") foi sendo construída sem participação popular. O novo regime combateu com mão de ferro revoltas populares — como a da Chibata, a de Canudos, a do Caldeirão e a do Contestado —, deixando milhares de mortos. Luta, luto.

A Revolução de 1930 foi feita "antes que o povo a fizesse", como disse um dos seus líderes. O Estado Novo de 1937 não trouxe novidade ao tentar copiar o Estado autoritário de Portugal, do ditador Oliveira Salazar.

A democratização de 1945 logo colocou o Partido Comunista na ilegalidade e ameaçava com intervenção militar sempre que os "de baixo" faziam reivindicações — o inverno e o inferno da morte rondando a "primavera democrática" do mundo da Guerra Fria.

O golpe empresarial-militar de 1964, propagado como "para salvar a democracia", jogou o país numa ditadura tenebrosa, baseada em repressão, mentira oficial e perseguição política. Com o produto interno bruto (PIB) crescendo, dava-se o "milagre brasileiro", dizia a propaganda oficial. "E no andor de nossos novos santos / O sinal dos velhos tempos / Morte, morte, morte ao amor", cantaram, mesmo censurados, Fernando Brant e Milton Nascimento.

A República Nova de 1985 foi uma transição tutelada pelos militares e manteve o poder político das oligarquias, por isso envelheceu depressa... A Constituição de 1988 ainda não desceu por inteiro do papel para a vida real: somos carentes de cidadania ativa. Em 2016, alegando "pedaladas fiscais" (ajustes orçamentários praticados no Brasil desde d. João VI, disse o insuspeito Delfim Netto), deu-se um golpe parlamentar liderado pelo megacorrupto Eduardo Cunha e aprovado por uma maioria fisiológica, destituindo a presidente Dilma em nome de uma falsa "moralidade", pregada mas não praticada.

Uma autocrítica: naquela espantosa sessão, transmitida por todas as redes nacionais de TV, em pleno domingo (até jogo de futebol foi adiado!), devíamos ter "interrompido os trabalhos" quando Jair Bolsonaro fez o elogio da tortura e do coronel Brilhante Ustra, "o terror de Dilma Rousseff". Devíamos tê-lo denunciado ao Ministério Público e aberto mais uma representação contra ele no Conselho de

Ética. No mínimo, era um imperativo exigir a retirada dos anais da Casa daquela apologia ao crime. Limitamo-nos a vaiar. "Normalizamos" a manifestação do ódio, banalizamos o mal...

Sim, nem tudo, no nosso processo histórico, foi só estupidez, frustração e incompletude: em maior ou menor grau, tivemos uma "vontade nacional" manifesta na contestação à dominação oligárquica da República Velha, na Era Vargas, nos "anos dourados" de Juscelino Kubitschek, no apoio às reformas de base de João Goulart, no clamor pelas Diretas Já — que não foram tão "já", mas gestaram a Carta Magna Cidadã de 1988. Havia um querer predominante, que se expressou na construção do Estado Nacional, no desenvolvimentismo, nas reformas de base, na democratização.

Mas esse histórico, em seu viés de baixa, nos ajuda também a entender por que, em 2018, quase 58 milhões de brasileiras e brasileiros colocaram no poder um assumido inimigo da democracia, dos direitos humanos, dos princípios republicanos, da Constituição, da ciência, do bom senso...

A política dominante hoje é a morte da política. Não contam mais programas, ideias e causas, nem partidos. Apresentam-se nomes — o fulano da farmácia, o beltrano do salão, a sicrana da igreja. Ou, em maior arrebatamento, "o que resolve", "a única solução", "o messias", "o mito". A esses é delegada a "salvação da pátria" — a ruína das maiorias.

Política, assim, tem sido um jogo sujo que só importa aos interessados nas benesses do poder. O alheamento crescente da população em relação às atividades públicas facilita a dinâmica corrompida do governo-empresa e do parlamento-negócio: a inércia de muitos, instados a cuidar somente da sua vida privada, enriquece alguns.

Indagado certa vez por que não disputava um mandato público, o escritor Guimarães Rosa (1908-1967) foi taxativo: "Os políticos só pensam no imediato. Eu quero eternidades, aposto na ressurreição dos homens". Já passa da hora de ressuscitar a grandeza da política.

Onde há morte, há renascimento, há ressurreição. Um cenário é possível e necessário. Nestes tempos tão distópicos, cumpre resistir e reexistir, afirmando a imprescindibilidade da utopia. Não durará para sempre essa democracia de mercado, o republicanismo de mera delegação e esses dutos podres em que situação e oposição conservadora se tangenciam, assemelhadas.

Urge resgatar a utopia da grande política das propostas, vinculada ao interesse coletivo e à transição para uma nova hegemonia que viabilize relações alternativas, que socialize os grandes meios de produzir e de governar.

A baixa politicagem prevalecerá com seu manto enganoso se não apontarmos e praticarmos, desde já, alguns eixos de uma nova forma de fazer política. São eles: a mobilização social permanente, estimulando o controle dos agentes públicos e dos governos pela sociedade; a descentralização efetiva, com criação de outras instâncias de poder decisório e a reconstituição da identidade de cidades, bairros e comunidades; a transparência total, com publicidade de quanto se arrecada e onde se gasta o dinheiro público; a inversão de prioridades, com uma economia centrada no imperativo da sustentabilidade ambiental e na opção preferencial pelos sem-direitos.

A crise brasileira é de destino: ainda não se constituiu no país, hoje, uma maioria social que implemente o que queremos ser como nação. Estão em questão o modelo econômico rentista e primário-exportador, o sistema político colonizado pelas grandes corporações, a criação cultural ameaçada pelo obscurantismo, a rica biodiversidade agredida pela exploração sem limites e por incêndios criminosos. Tudo reproduz nossa secular desigualdade.

Nossa crise é a da pequena política tornada grande, às vezes única; a do nanismo ideológico dos bolsonaristas — exterminadores de direitos e conceitos. É a do desatino dessa coalizão de populistas de direita, milicianos, militares e de devotos do Estado mínimo e do privatismo máximo. É a crise da ética pública, sinal aberto — inclusive por setores do Judiciário — para tenebrosas transações, protecionismos e fisiologismo. É a "gangsterização" da política.

É larga a crise do desalento, da cidadania recolhida. O derretimento partidário, a insegurança pública, o patrimonialismo colocam em risco nosso devir civilizatório. A direita mais atrasada, protofascista, perdeu a vergonha e espalha sua cultura do ódio e discriminação. Precisamos nos reconstituir como povo. O desafio é a construção coletiva, sem sectarismo nem perda de princípios. Em frente!

A compreensão crítica da nossa história e do momento presente, que ela ajuda a entender, pode contribuir para a caminhada na direção da justiça e da igualdade, fazendo dessa vergonha uma nação. Participar desse processo, teimando na esperança, contra todos os sinais em contrário, nos faz reexistir.

Pedro Casaldáliga (1928-2020), bispo católico emérito de São Félix do Araguaia, poeta e profeta, disse que "somos militantes derrotados de causas invencíveis". Há causas que nos ultrapassam e hão de superar os pregoeiros da morte. Estamos vivos, e os inimigos da fraternidade, com suas mortalhas, não terão a última palavra!

[]

O sol há de brilhar mais uma vez

Mas é claro que o sol vai voltar amanhã
Mais uma vez, eu sei
Escuridão já vi pior, de endoidecer gente sã
Espera que o sol já vem

Renato Russo, "Mais uma vez"

Para onde seguimos

MÁRCIA NOLETO E MARIANA MAGALHÃES

A vida é uma caixa de surpresas. As coisas vão acontecendo, sucessivamente, dia após dia, e, em razão do mistério da vida, não temos pistas das novidades que virão. Não nos é dado saber sobre o futuro que nos espera. Porém, tomados pela ilusão de que conseguimos manter certo controle, muitas vezes pensamos ser possível sustentar uma ordem, um domínio das nossas ações, dos nossos cálculos e dos nossos caminhos. Trata-se de um sentimento utópico e ao mesmo tempo neurótico, uma vez que a ideia de controle pode nos privar da espontaneidade e das belezas do novo e, não raro, impede de nos lançarmos ao desconhecido. Essa ideia de controle nos faz prosseguir, ao achar que estamos seguros em nossa jornada. Um devaneio! Um belo dia alguém anuncia que estamos vivendo uma epidemia: "Fiquem em casa!" E muito tempo se passou... Tivemos de nos remontar, de reinventar a vida. Centenas de milhares morreram infectados pelo vírus. Tantos morreram de fome, em uma crise que aumentou com a covid-19. Outros morreram de desgosto e de desespero. Qual é o poder do nosso controle?

É isso... Lançados em uma existência insólita, constantemente deparamos com fatos inesperados que nos desviam das certezas, dos planos e da nossa tão frágil segurança. O tempo, rei de todos os destinos, age soberano e implacável, mudando rotas, e a vida, que seguia seu rumo "seguro", enverga-se. Somos atropelados e desmontados em colisões que subvertem tudo em que acreditávamos e seguimos em um exercício infindável de construção, desconstrução e reconstrução.

Quando falamos de luto, tocamos em imprevisibilidades. Muda-se o arranjo da vida, não necessariamente pelo fato em si, mas pela exigência de recriarmos em nós um novo sentido diante da ausência ou daquilo que era pressentível ou desejável. Falar de luto é tocar em laços rompidos e dores atrozes; é perder a direção, não saber aonde ir ou seguir como viventes ocos.

Vários dos depoimentos deste livro falam de impactos súbitos causados por situações inesperadas e surpreendentes, que fizeram vidas virarem em seu eixo. Eliane perdeu o chão quando soube do acidente com o pai de sua filha pela televisão — a notícia poderia ter anunciado o falecimento da menina, que, naquele momento, poderia estar com o pai. Mesmo os casos com prenúncios ou conhecimento antecipado da perda, como os de Camila e Pucca — uma vez que a expectativa de vida de um cachorro é muito menor que a do ser humano —, exigiram uma reformulação para continuar seguindo. Porque a vida segue... e não para. A qual caminho a dor nos leva? Quais são as vias que se abrem depois de passarmos por eventos dolorosos e traumáticos? Quais são as rotas de fuga necessárias para abrandar e ressignificar a vida? O que podemos gerar de acontecimentos que nos fazem padecer?

Em um livro organizado e escrito por duas psicólogas, talvez se esperasse que apresentássemos caminhos possíveis para mitigar a dor, para dar conta de percursos tão difíceis e incomensuráveis. Não seria essa a proposta de um livro sobre luto? Pensar no que acontece quando o prazer de viver se encontra ameaçado? Como sobreviver e caminhar em busca de um novo ciclo? O que nos permite prosseguir quando as condições fundamentais para que estejamos conectados com a própria vida estão profundamente afetadas? Diversas pessoas anseiam por essa receita e muitas vezes nós também a desejamos:

um ensaio que aliviasse vários tipos de luto que talvez enfrentemos ao longo da nossa trajetória.

Sabemos que tal receita é impossível. Não há uma resposta universal, nem categorias absolutas, nem propensões sedimentadas. Não há cartilha que ensine a atravessar o luto. A tentativa de encontrar uma diretriz que afrouxe as dores de quem teve perda tão significativa quase soa como um insulto. Sabemos que esse é um processo lento, muito lento... E qualquer movimento depende, exclusivamente, das possibilidades internas que garimpamos, com esforço, em cada um de nós. Nesse sentido, o processo terapêutico é sempre bem-vindo, pois, por meio da ajuda de um profissional especializado, podemos refletir sobre como respeitar os sentimentos que nos invadem e como nos autorizar a senti-los. Contudo, cada um, na sua dor, vai aprendendo e estabelecendo estratégias próprias de enfrentamento. É fazendo contato com o nosso luto que tecemos formas capazes de abrandar o que o corpo sente e encontramos uma direção e um sentido para recomeçar.

Somos sujeitos à provisoriedade, não é, Gil? A tal impermanência à qual muitas vezes preferimos virar as costas, esquecendo que somos seres vivos lançados ao mundo e, sendo parte deste mundo, presumidamente enfrentaremos desventuras. Também concordamos com Gil em que a morte é a comprovação de que fazemos parte da vida e as perdas dolorosas são fatos inexoráveis que todos temos de enfrentar, apesar do padecimento.

Leandro precisou deixar que Deus partisse para poder se reinventar e começar um vida diferente de tudo aquilo que, até então, havia aprendido.

Deixar para trás não é fácil — não existe mente sem lembranças. Quando temos perdas, não é exequível abandonar a nossa história; só se pode caminhar com ela e com tudo que nos ofereceu. Não pulamos etapas nem descartamos a lembrança dos fatos. Muito pelo contrário, seguimos com elas e precisamos passar pela dura necessidade de nos esvaziarmos para prosseguir. Mesmo sendo da nossa responsabilidade o cuidado de nós mesmos, cada ser tem em si a medida de enfrentamento que lhe é suficiente e factível. Há quem precise de parcerias, trocas, terapia, de falar, de ouvir. Há quem precise de silêncio, de recolhimento, de mergulhar em si mesmo e sentir o corpo se rasgar por inteiro, para que tempos depois se inicie a cicatrização. Há quem precise se livrar dos pensamentos, ganhar força, até que seja possível se reerguer. Há quem recorra a outras estratégias para solucionar um desejo impraticável, como Mariana, que, não podendo engravidar, entrou para a fila da adoção, e Fernanda, que precisou se recriar em outra cidade para tocar a vida com menos medo e mais segurança. Uma gama de possibilidades...

Não gostaríamos de publicar este livro dizendo que a dor é soberana. Não, ela não nos engole por completo. Ela nos mastiga ao longo dos anos, mas a digestão é da nossa responsabilidade. Não existe nenhuma poção mágica, nenhum caminho das pedras, nenhuma prescrição ou conselho para dar. A perda não tem retorno, não se desfaz, mas faz sofrer e destrói o que estava construído e solidificado. Perder o que amamos é um dos fatos mais difíceis de enfrentar. Não estamos prontos para certas separações, e a reconstrução pode ser bem difícil. Fica o vazio... Um buraco que talvez nunca seja preenchido, mas, ainda assim, a vida segue. Não é, José Mauro?

Tivemos a oportunidade de elencar nesta obra várias formas de perda e várias formas de experimentar a perda — todas extremamente dolorosas; todas de igual valor; todas legítimas. O presente carrega o passado e suas lembranças, mas desconhece o que há no futuro. O passado é concreto e o futuro, imaterial. Como será sua construção? O fato é que, quando nos empenhamos e concedemos a nós mesmos a permissão para prosseguir, abrimos brechas de luz naqueles limbos que nos pareciam obscuros. Se nos damos uma chance e lançamos um olhar generoso à pessoa que nos habita, abrimos janelas de oportunidade para que a felicidade se aconchegue e o processo de luto tenda a esmorecer. Assim, cada um vai encontrando uma forma de lidar com esse vazio.

Há lutos que viram luta. Como a de Jovita, que se empenhou vigorosamente na implantação de políticas, campanhas e ações de prevenção e na busca de pessoas desaparecidas. Como a de Monica, que, entrando para a política, continuou a luta da sua esposa em prol de uma cidade mais segura para as mulheres e agora, como Marielle Franco, trava um combate contra o racismo e a LGBTfobia. Como a de Margareth, que, diante de situações-limite, ajudou tantas pessoas a resolver questões ao depararem com a possibilidade da morte. E também como a de Chico, que, junto do povo, lutou pela democracia, para que déssemos fim à barbárie e à insensatez de um desgoverno de quatro anos, para que clamássemos por livros, não por armas, e para que resgatássemos o amor, não deixando que o ódio nos afogasse.

Para outros ainda, a experiência de luto fez com que decidissem amparar e acolher pessoas que viveram perdas semelhantes, como Lucinha, que criou a Sociedade Viva Cazuza, dedicando-se a dar assistência social e prestar cuidados a crianças e jovens com HIV, muitas vezes abandonados por suas famílias; como Márcia, criadora do Grupo Mães Semnome, o qual tinha o objetivo de proporcionar trocas de experiências entre mães enlutadas e, após algum tempo, virou instituto, desdobrando-se hoje para dar apoio a famílias que perderam parentes e precisam falar de suas dores; como Daniel, que passou a apoiar homens enlutados em encontros e desde então convida as pessoas a pensar sobre o luto masculino.

Do mesmo modo, também há de haver coragem para, como fez Eduardo, encarar todas as suas perdas e poder renascer, ou, como bem mostrou Victor, para abrir mão da própria pátria em busca de uma vida mais digna — uma marcha sem certezas nem garantias; apenas uma aposta de que as coisas podem ser melhores.

É disto que se trata: diante de um futuro imprevisível, é preciso esperança para enfrentar a dor de um luto. Willams sabe bem disso: como primeiro brasileiro adotado com mais de 17 anos de idade, ele, que tinha perdido toda a família ainda criança e enfrentado a solidão dos abrigos, continuou acreditando que ainda encontraria uma nova família. Não... não temos a intenção de romantizar e dizer algo como "acredite que vai dar certo". Isso também seria um insulto! Willams, perto de completar 18 anos, sabia que teria de deixar o abrigo e já se preparava para isso. Entretanto, manteve a esperança como combustível para prosseguir.

Nossas cicatrizes são nossas testemunhas. Mas, mesmo em solo movediço, precisamos manter a capacidade de sonhar e de nos decantarmos. É com as nossas marcas que acabamos por descobrir que o amor não morre em nós. O amor de uma mãe por seu filho, de um filho por seu pai, dos avós por seus netos, dos animais por seus donos, dos que nos adotaram e nos escolheram, do amor pela pátria, do amor conjugal, do amor por filhos que nem chegamos a ter. Ou o amor por alguém que contagiou uma nação, como Ayrton Senna, tão bem apresentado por Marcus. É no amor que se encontram o sentido e a beleza da vida. Se não amássemos tanto aquilo que perdemos ou aqueles que partiram e continuam presentes em nós, se não acreditássemos em nossos ideais, na nossa pátria, na fé e na esperança que nos sustenta, se não crêssemos que é necessário exercer a fraternidade e seguir em frente, se não insistíssemos em nossos sonhos, não estaríamos aqui nos dedicando a organizar este livro.

Mesmo sabendo que jamais tivemos a pretensão de esgotar um tema tão caro, apontamos para mais uma questão fundamental e estrutural da existência humana: somos entes relacionais. Vivemos em um planeta onde cada um de nós está ligado por uma teia inexaurível e inesgotável. Estamos juntos, mesmo que pareça que estamos sós. Precisamos nos sentir integrados, necessitamos compartilhar vivências, participar de redes de apoio, saber que outras pessoas conseguiram mudar sua vida. Isso nos fortalece.

Quando nos vemos mergulhados em sofrimento, muitas vezes temos a sensação de nos encontrarmos em um beco sem saída e de que a vida estancou: esse é o ponto de interseção de todas as narrativas apresentadas neste livro. Há um inconformismo com as perdas, seguido por um grito de socorro que clama por ajuda. Encontrar pessoas que viveram situações similares às nossas pode ser uma boa maneira de redirecionar o nosso olhar para outros ângulos da experiência. Além disso, indubitavelmente a presença de outros é fundamental para nos sentirmos amparados, o que nos dá força para prosseguir. Na dor, os tons se tornam pálidos, mas a entrega às cores da vida pode ser a chance de nos reconectarmos com o que há de mais belo, a fim de continuar escrevendo a nossa história.

Inevitavelmente, todos temos um trabalho a ser feito. Todos sofremos. Nenhum de nós está ileso ao que a vida traz. E, se houver uma possibilidade de nos resgatarmos da cegueira e dos tormentos — por mais difícil que isso seja —, espera-se que algum aprendizado nos leve a caminhos de restauração e a trajetos diferentes. Caminhos, no plural, pois não existe apenas uma via, mas uma miríade de roteiros à nossa escolha.

Se, de alguma forma, nos fechamos e nos defendemos, elencando razões para esses movimentos, também podemos olhar para o nosso potencial e reiniciar novos ciclos. Tentamos mostrar aqui, por intermédio do convite a todos esses parceiros, que isso é possível. A resposta está no sentido, no nexo que damos à nossa existência, na liga que fazemos, de maneira singular, com o que acreditamos ser mecanismos criativos e possibilidades de êxito em meio aos reveses da vida.

Mesmo concordando que é um tanto assustador estarmos vivos, temos de nos suprir de propósitos. Se conseguirmos manter um mínimo de fidelidade com o que nos dá ânimo para viver, há de surgir a tal licença interna tão necessária para sermos felizes. Há de surgir um estado de ser diferenciado, com atitudes inéditas diante da dor.

[]

Antes de partir...

Tanto para nós, organizadoras e autoras, como para aqueles que deram seu depoimento, a elaboração desta obra foi no mínimo desafiadora. A razão disso é que tivemos de olhar de frente para os acontecimentos que mudaram radicalmente a nossa vida. Sim, houve mudanças. Dizer que saímos melhores de experiências tão difíceis não é o caso. Não é uma verdade absoluta. Todos os que aqui deixaram seu relato passaram por um sofrimento que abriu marcas profundas. E, em cada depoimento recebido e em cada encontro com os participantes, tivemos de nos desnudar das nossas defesas e rememorar as nossas dores.

O livro está publicado. E, se você chegou até aqui, talvez tenha sido porque teve força e coragem para mergulhar nas formas caleidoscópicas nas quais os nossos convidados experienciaram cada momento da vida, pois não é possível atravessar essa jornada de forma linear.

Com esta obra aprendemos que, se por um lado é impossível passar pela vida sem sofrer, por outro não precisamos nos desfazer do que vivemos: podemos seguir, levando conosco o que doeu em nós.

Esperamos que os leitores, depois de ler os depoimentos, tenham dado um longo suspiro e, no íntimo, concluído que, no final das contas, sua vida foi generosa e lhes foram concedidos alguns livramentos. Em contrapartida, imaginamos que outros leitores não tiveram a mesma sensação e, fortuitamente, tenham histórias ainda mais tristes e impactantes para nos contar. Em ambos os casos, desejamos que este livro sirva de alavanca de reflexão e empatia e, sobretudo, seja instrumento para que cada um encontre o próprio antídoto, dentro do seu tempo.

[]

Narradores

A psicóloga Camila Alves aborda o luto por um animal em "Delicadamente, ela se foi". Cega aos 15 anos de idade, por causa de uma retinose pigmentar, ele adotou um cão-guia. A Pucca chegou em 2010, quando Camila tinha 20 anos, e morreu em 2020, com 12 anos de vida e 8 de trabalho.

Historiador, professor e deputado federal, Chico Alencar presenteia os leitores com seu depoimento sobre um luto político em "Perdas e danos", em que discorre sobre os "tempos amargos" que vivemos no passado recente, no qual prevaleceram o negacionismo, a irracionalidade, a mentira e o ódio.

Daniel Carvalho, coordenador do projeto Luto do Homem, perdeu a filha Joana seis dias após o nascimento dela, por complicações no parto. Em "Silêncio", ele recupera o antigo e conhecido cartaz de hospital para mostrar que o luto do homem costuma ser silenciado e abafado na sociedade, ainda que o padecimento, como o seu, seja esmagador.

Eduardo Medeiros é cozinheiro e empreendedor. Em "O luto de uma pessoa trans e seus renascimentos", ele compartilha como sua privação de existir com liberdade para se construir enquanto indivíduo afetou sua vida e o levou a vivenciar lutos diversos. Tendo renascido somente aos 20 anos de idade, mostra como se cura, se reinventa e, ainda, se constrói e aprende a se amar, apesar de tudo.

"De um velório a outro" é o título do depoimento de Eliane Arenas, doutora em Educação, no qual ela desenvolve suas lembranças do luto por um pessoa querida para ligá-lo a outro, mais antigo, motivado pela morte de outra pessoa benquista. Eliane mostra que aparentemente os lutos nunca morrem.

Fernanda Chaves, jornalista e ex-assessora de Marielle Franco, foi a única sobrevivente do ataque a tiros que matou a vereadora carioca e seu motorista, Anderson Gomes. Em "Fragmentos do luto possível", ela relata as suas perdas para a violência — a amizade de dez anos, o colega recente, o trabalho — e o impacto delas em sua vida.

Cantor, compositor, ex-ministro da Cultura, ex-embaixador da ONU, "Artista pela Paz" da Unesco, entre tantos outros méritos, Gilberto Gil perdeu o filho Pedro, de 19 anos, em 1990, em um acidente de carro. Com toda a sua delicadeza, Gil nos conta desse luto por um futuro perdido em "Eu agora não tô mais com medo, tô com Pedro".

José Mauro Brant, ator, cantor e contador de histórias, revela em "Um tiro que mudou a história — Relato em três atos", com grande comoção, a trama mais desoladora de sua vida — a perda do próprio pai, em uma época em que o governo federal incentivava e facilitava o acesso às armas de fogo no país.

Jovita Belfort é mãe de Priscila Belfort, desaparecida no início de 2004, um caso nunca solucionado, que ela retoma em "Saudade sem fim" para relatar como sobreviveu a essa dor. Em 2019, Jovita assumiu a Coordenadoria de Prevenção e Enfrentamento ao Desaparecimento de Pessoas, no Rio de Janeiro.

Leandro Frederico Marques, mestre em Teologia pela PUC-RJ e psicólogo clínico, esteve por muitos anos à frente da Igreja Presbiteriana Betânia Litorânea, em Niterói. No depoimento "Passagem", ele conta a respeito do drama que viveu quando ainda era conhecido como Pastor Leandro e depois que deixou a igreja.

Lucinha Araújo é mãe de Cazuza, primeiro artista brasileiro que revelou publicamente ser HIV positivo. Filantropa, Lucinha fundou a ONG Sociedade Viva Cazuza, criada após o falecimento do filho. Em "O tempo não para", ela relata as dores do seu luto anunciado e como sobreviveu a ele.

Em "A menina ainda dança", a psicóloga clínica Márcia Noleto descreve o luto que viveu com a perda da filha Mariana, de 20 anos de idade, em um acidente de helicóptero. Tomada pela dor e lutando contra a tristeza, Márcia decidiu compartilhar sua experiência e criou em 2015 o Instituto Mães Semnome, para ajudar mães enlutadas.

Quem nunca teve um ídolo? No texto "O luto de um país", o fotógrafo Marcus Vinícius Pavan expõe o seu lado personalíssimo de um luto coletivo: a morte de Ayrton Senna da Silva, o piloto de Fórmula 1 mais premiado, conhecido e querido do Brasil e um dos mais admirados e lembrados em todo o mundo.

Margareth Pretti Dalcolmo, médica, pneumologista e pesquisadora da Fiocruz, tornou-se uma figura emblemática na luta contra a covid-19. Incansável na linha de frente do combate à pandemia, ela descreve suas experiências em "Um luto pressentido" e critica com veemência o negacionismo instaurado no país quanto à doença.

Em "Barriga oca", a psicóloga clínica Mariana Magalhães compartilha as suas tentativas de realizar o desejo de ser mãe e o luto decorrente. Depois de tentar por quatro anos engravidar naturalmente, recorreu por mais dois anos à fertilização *in vitro* em três clínicas de reprodução assistida, onde perdeu dez pré-embriões e viu seu sonho naufragar.

Monica Benicio é vereadora no Rio de Janeiro, arquiteta urbanista voltada para o "direito à cidade", militante de direitos humanos e feminista. Perdeu inesperadamente a sua mulher, Marielle Franco, assassinada em 14 de março de 2018. Monica se emociona e nos emociona ao relatar o luto de um amor com garra e imensa saudade.

O venezuelano Victor Meneses confidencia como foi a sua vinda para o Brasil em um depoimento de título muito sugestivo, "O cinza e as cores do Brasil". Sentindo-se arrasado por não conseguir suprir as suas necessidades e as da sua família, ele apostou na ideia de um amigo e veio para um novo país em busca de vida melhor.

Até os 18 anos de idade, Willams Amaral Nogueira viveu em abrigos em Recife depois de perder os familiares. Em "Um placar de virada", ele conta que, em suas orações, só pensava em ter uma nova família. Foi por meio de uma campanha realizada pelo Sport Club do Recife que Willams conseguiu superar o seu luto familiar.

Agradecemos a todos os que, com coragem, nos abriram seu coração.